Caminando Fielmente con Dios

KAY ARTHUR
BRAD BIRD

ISBN 978-1-62119-175-9

Este libro fue publicado en inglés
con el título Walking Faithfully With God
por Harvest House Publishers
1997 por Ministerios Precepto

CAMINANDO FIELMENTE CON DIOS

CONTENIDO

∾∾∾∾

2 REYES

¿Qué Estoy Haciendo?

Estas a punto de iniciar un estudio el cual revolucionará no sólo tu acercamiento a la Palabra de Dios, sino también tu entendimiento y comprensión de la Palabra. Éste es el testimonio verdadero de aquellos que están usando esta serie.

La Nueva Serie de Estudio Inductivo es la primera en su estilo, ya que con solo 15 a 25 minutos de estudio diario te lleva sistemáticamente a través de la Biblia, libro por libro, enseñándote a observar el texto y a descubrir por ti mismo lo que significa. Entre más aprendas a observar cuidadosamente el texto y a familiarizarte con el contexto, en el que se presentan textos específicos, más cerca estarás de encontrar una interpretación exacta de la Palabra de Dios. Y esto a su vez te ayudará a poder aplicar correctamente la verdad de la Palabra de Dios y te transformará en el proceso.

Conforme avances en esta serie, recuerda que es un *estudio inductivo* de varios libros de la Biblia y el propósito es ayudarte a obtener el Panorama General del consejo de Dios y que puedas dejar que las mismas Escrituras interpreten a las Escrituras y así entender la verdad del contexto de la Biblia, libro por libro en su totalidad.

Si deseas expandir y desarrollar tus habilidades para el estudio, podríamos recomendarte dos cosas. Una, comprar el libro *Cómo estudiar tu Biblia* y segundo, asistir a los entrenamientos de Ministerios Precepto.

Los Institutos funcionan en los Estados Unidos, Canadá y un sinnúmero de otros países. Puedes asistir a clases en distintos horarios; los hay de dos horas hasta de cinco días completos dependiendo del curso que desees tomar. Cualquiera que sea tu elección, te unirás a las miles de personas que están asombradas de la manera cómo Dios ha enriquecido su relación con Él y profundizado en el entendimiento de Su Palabra. Para más información sobre el instituto de entrenamiento, llama a Ministerios Precepto Internacional al 800-763-8280, visita nuestra página www.precept.org o comunicate con la oficina de Precepto en tu país.

Como Empezar...

En realidad no sabemos si alguna vez has usado uno de los libros de nuestra Nueva Serie de Estudio Inductivo anteriormente, así que, comprendemos que algunas veces leer instrucciones es difícil y poco agradable. Usualmente sólo queremos empezar y solamente cuando todo lo demás falla es cuando estamos dispuestos a leer las instrucciones, ¡te entendemos! A nosotros tampoco nos gustan los detalles. Pero, te pedimos que leas la sección "Cómo Empezar" antes de iniciar; créenos ¡te ayudará! Ésta es una parte vital para poder empezar correctamente este estudio. Las páginas son pocas... y te ayudarán inmensamente.

PRIMERO
Conforme estudies los libros de 1 y 2 Reyes y 2 Crónicas, necesitarás cuatro cosas además de este libro:

1. Una Biblia para marcar. El marcar es esencial ya que es una parte integral del proceso de aprendizaje y te ayudará a recordar y retener lo aprendido. La Biblia ideal para este propósito es *la Biblia de Estudio Inductivo (BEI)*. Viene en una sola columna, con letra grande y fácil de leer y es ideal para marcar ya que tiene márgenes anchos y espacio en blanco para tomar notas.

También trae instrucciones para el estudio de cada libro de la Biblia, pero no tiene comentarios sobre el texto. Esta Biblia no está editada con ninguna idea teológica en particular, su único propósito es enseñarte a discernir la verdad por ti mismo a través del método inductivo.

Estudio inductivo de la Biblia simplemente quiere decir que la Biblia es la herramienta principal de estudio. (La variedad de cuadros y mapas que encontrarás a través de este estudio fueron obtenidos de la Biblia de Estudio Inductivo). Recuerda que cualquier Biblia que uses deberás marcarla, lo cual nos trae a la segunda herramienta que necesitarás.

2. Un lapicero punto fino de cuatro colores o varios en diferente color.

3. Lápices de colores.

4. Un cuaderno de notas o una libreta para hacer tus tareas y escribir tus observaciones.

SEGUNDO

1. Conforme estudies 1 y 2 Reyes y 2 Crónicas, encontrarás instrucciones específicas para el estudio de cada día. El estudio te tomará de 20 a 30 minutos diarios, sin embargo, debes saber que cuanto más tiempo le dediques al estudio, mayores serán los beneficios espirituales y la intimidad con la Palabra de Dios y el Dios de la Palabra. Si estás tomando el estudio con un grupo en una clase y encuentras que las lecciones son muy difíciles, simplemente haz lo que puedas; hacer poco es mejor que nada. No debes ser una persona de "todo o nada" cuando se trata de estudiar la Biblia.

Como una advertencia, quiero decirte que debes estar consciente que cada vez que estudias la Palabra de Dios, entras en una lucha espiritual con el diablo (nuestro adversario). ¿Por qué? Cada pieza de la armadura de un cristiano está relacionada a la Palabra de Dios y el enemigo no quiere que te prepares para la batalla. ¡Por eso la lucha! Recuerda que nuestra única arma ofensiva es la espada del Espíritu, la Palabra de Dios y es suficiente para hacer caer al enemigo.

El estudiar o no, es la primera decisión que debes tomar y disciplinarte es la segunda. Esto es algo que debe salir del corazón. ¿En qué o en quién estás poniendo tu corazón? ¡Ármate para la guerra! Y recuerda que la victoria será segura.

2. Conforme leas cada capítulo entrénate a pensar en el contenido del texto por medio de las seis preguntas básicas: ¿Quién? ¿Qué? ¿Cómo? ¿Cuándo? ¿Dónde? ¿Por qué? Hacer esta clase de preguntas y buscar sus respuestas te ayudará a entender claramente qué está diciendo la Palabra de Dios. Cuando hagas las seis preguntas básicas, puedes hacerlo de esta manera:

   a. ¿De **qué** trata el capítulo?
   b. ¿**Quiénes** son los personajes principales?
   c. ¿**Cuándo** sucede este evento o enseñanza?
   d. ¿**Dónde** sucede?
   e. ¿**Por qué** está sucediendo?
   f. ¿**Cómo** sucedió?

3. El "cuándo" de los eventos o las enseñanzas es muy importante y debes marcarlo de una forma fácil de reconocer en tu Biblia. Nosotros lo hacemos colocando un círculo (como el que mostramos aquí) ◯ en el margen de nuestra Biblia, a un lado del versículo donde está la frase de tiempo. O tal vez desees subrayar las referencias de tiempo con un color específico. Como un recordatorio, anota en tu separador de palabras clave (lo cual te lo explicaremos en la siguiente sección) cómo vas a marcar las frases de tiempo en cada capítulo.

4. Se te indicará acerca de ciertas palabras clave que debes marcar y para esto son los lápices o marcadores de color. Aunque esto parezca tomar mucho tiempo, descubrirás que es una herramienta valiosa para aprender. Si desarrollas el hábito de marcar tu Biblia, encontrarás una diferencia significativa en la efectividad de tu estudio y lo que puedes retener como resultado de hacer esto.

Una **palabra clave** es una palabra importante que el autor ha usado repetidas veces para explicar su mensaje al lector. Ciertas palabras clave aparecerán a través del libro mientras que otras estarán concentradas en los capítulos o secciones específicas del libro. Cuando marques una palabra clave también debes marcar sus sinónimos (una palabra que significa lo mismo en el contexto) y sus pronombres (*él, de él, ella, de ella, nosotros, ellos, ustedes, nuestro, de ellos*) de la misma manera que has marcado la palabra clave. Ya que algunas personas lo han pedido, te daremos algunas ideas y sugerencias en las tareas diarias de cómo marcar las diferentes palabras clave.

Al marcar las palabras para reconocerlas fácilmente, puedes usar colores o símbolos, o una combinación de ambos. Sin embargo, los colores son más fáciles de distinguir que los símbolos. Si usas símbolos, te sugerimos que los hagas muy simples, por ejemplo: Una de las palabras clave de estos libros es *Israel*, puedes dibujar la estrella de David sobre la palabra de esta forma: Israel. Si un símbolo está siendo usado para una palabra clave, lo mejor sería que el símbolo sea acorde a la palabra.

Cuando marcamos los miembros de la Trinidad (lo cual no siempre hacemos), usamos un triángulo para representar al Padre, Hijo y Espíritu Santo y lo coloreamos en amarillo. Luego, cambiamos un poco el triángulo para marcar al Hijo de esta manera: Jesús y al Espíritu Santo de esta manera: Espíritu. Hemos observado que cuando marcamos todas las referencias a Dios, Jesús y el Espíritu Santo nuestra Biblia se recarga mucho y por eso te sugerimos que lo hagas solamente en ocasiones específicas. Obviamente como estamos estudiando la historia del Antiguo Testamento, habrá pocas referencias a Jesús o al Espíritu Santo; sin embargo, aprenderás bastante acerca del Padre en el Antiguo Testamento. Cuando obtengas una enseñanza acerca del carácter, poder o los caminos de Dios, dibuja un triángulo en el margen del texto y anota lo que has aprendido acerca de Él en ese texto en particular. Conforme lo hagas, eventualmente formarás una "teología" bíblica acerca de Dios que aumentará tu confianza y fe.

Conforme des inicio a esta nueva aventura, te recomendamos hacer una lista de colores para marcar las palabras clave a través de tu Biblia. Luego, cuando abras las páginas de tu Biblia reconocerás al instante las palabras.

Cuando comienzas a marcar las palabras clave es fácil olvidar como las marcaste. Por eso, te recomendamos usar una tarjeta índice en blanco y escribir en ella las palabras clave. Marca las palabras en la misma forma que piensas hacerlo en tu Biblia y luego, usa la tarjeta como un separador. Sería recomendable que usaras dos tarjetas, una para hacer un separador para las palabras que estas marcando en tu Biblia y la otra para el estudio de cada libro de la Biblia. También puedes anotar en una hoja en blanco los símbolos o colores de las palabras que piensas marcar en tu Biblia.

5. Ya que los lugares son importantes en un libro histórico o biográfico de la Biblia (1 y 2 Reyes y 2 Crónicas son libros históricos), encontrarás de mucha ayuda marcar los lugares en una forma distinta en tu estudio. Haz un doble subrayado con color verde en cada referencia a un lugar (¡el césped y los árboles son verdes!). Te sugerimos anotes los lugares geográficos en tu separador de palabras clave. Los mapas están incluidos en este estudio, así que podrás buscar las referencias de los lugares y colocarte dentro del contexto geográfico.

6. Los cuadros titulados PANORAMA GENERAL DE 1 REYES, PANORAMA GENERAL DE 2 REYES Y PANORAMA GENERAL DE 2 CRÓNICAS, están localizados al final del libro. Cuando hayas completado tu estudio de cada capítulo, anota el tema principal de cada uno en el cuadro correspondiente.

El tema del capítulo es una breve descripción o resumen de la idea principal, enseñanza o evento cubierto en éste. Generalmente en los libros históricos o biográficos, los temas de los capítulos se concentran alrededor de los eventos. Cuando escribas los temas del capítulo, lo mejor es utilizar las palabras del mismo texto y ser lo más conciso posible. Asegúrate de hacerlo de tal manera que puedas distinguir los capítulos uno del otro. Anotarás los temas en los cuadros del Panorama, lo cual te ayudará a recordar de qué trata cada capítulo. Además, te servirá como una referencia rápida que te ayudará a encontrar algo en el libro y no tener que buscar página por página.

Si desarrollas el hábito de escribir en los cuadros del Panorama, conforme avances en el estudio, tendrás un resumen completo del libro cuando lo hayas terminado. Si tienes *una Biblia Internacional de Estudio Inductivo* encontrarás los mismos cuadros en tu Biblia. Y si también los completas con tus observaciones, siempre serán una referencia a la mano.

7. Inicia tu estudio con oración. No empieces sin ella. ¿Por qué? Bueno, a pesar de que estás haciendo tu parte para aprender a usar correctamente la Palabra de Dios, recuerda que la Biblia está divinamente inspirada. Las palabras que estás leyendo son la absoluta verdad dadas a nosotros por Dios, para poder conocerle a Él y a Sus caminos más íntimamente. Estas verdades son divinamente entendidas:

Pero Dios nos las reveló por medio del Espíritu, porque el Espíritu todo lo escudriña, aun las profundidades de Dios. Porque entre los hombres, ¿quién conoce los pensamientos de un hombre, sino el espíritu del hombre que está en él? Asimismo, nadie conoce los pensamientos de Dios, sino el Espíritu de Dios. (1 Corintios 2:10,11).

Por esto debes orar; simplemente dile a Dios que deseas entender Su palabra para poder vivir de acuerdo con ella. Como te darás cuenta, nada le complace más que la obediencia y el honrarlo como Dios.

8. Cada día cuando termines tu lección, toma tiempo para pensar en lo que has leído, lo que has visto con tus propios ojos. Pregúntale a tu Padre celestial cómo puedes aplicar estas observaciones, principios, preceptos, y mandamientos a tu propia vida. Habrá ocasiones que dependiendo de qué manera hable Dios contigo a través de Su palabra, desearás anotar estas "lecciones para la vida" en el margen de tu Biblia junto al texto que has estudiado. Simplemente escribe "LPV" y luego brevemente anota la lección para vivir que deseas recordar. También puedes escribir en tu separador de palabras clave "LPV" como un recordatorio y buscarlas a través de tu estudio. Las encontrarás alentadoras y algunas veces convincentes cuando las leas de nuevo.

TERCERO

Este estudio está diseñado para que tengas una tarea cada día de la semana. Esto te ayudará a estar diariamente en la palabra de Dios. Hacer tu estudio diariamente será más beneficioso que realizarlo todo de una sola vez, ya que tendrás tiempo para meditar sobre lo que has aprendido a diario. Sin embargo, haz lo que sea necesario para realizarlo.

El Séptimo Día de cada semana tiene varias características que lo hacen diferente a los otros seis días. Éstas fueron diseñadas para ayudarte en discipulado, discusiones en grupo y en clases de Escuela Dominical. Sin embargo, son también de mucho beneficio aún si te encuentras estudiando este libro por tu cuenta.

El Séptimo Día es cualquier día que hayas escogido para terminar tu estudio semanal. En este día encontrarás un versículo o dos PARA MEMORIZAR Y GUARDAR EN TU CORAZÓN. Esto te ayudará a concentrarte más en la verdad o verdades que descubriste durante la semana.

Para ayudar a aquellos que están utilizando el material en la Escuela Dominical o en grupos de estudio bíblico, hay PREGUNTAS PARA LA DISCUSIÓN EN GRUPOS PEQUEÑOS O ESTUDIO INDIVIDUAL. Cualquiera que sea tu situación, buscar la respuesta a estas preguntas te ayudará a razonar temas clave en tu estudio.

Si estás tomando este estudio en grupo, asegúrate que las respuestas dadas tengan base bíblica. Esta práctica te dará la seguridad que estás usando la Palabra de Dios con exactitud. Conforme aprendas a ver qué dice el texto, te darás cuenta que la Biblia se explica por sí misma.

Siempre examina tus apreciaciones cuidadosamente observando el texto para ver qué dice. Luego, antes de decidir qué *significa* el pasaje de las Escrituras que estás analizando, asegúrate de interpretarlas a la luz de su contexto. El contexto es lo que va con el texto... las Escrituras que le anteceden y que le siguen a lo escrito. Las Escrituras nunca se contradicen. Si alguna vez pareciera así, puedes estar seguro que algo está siendo tomado fuera de su contexto. Si encuentras algún pasaje difícil de entender, reserva tus interpretaciones para cuando puedas estudiarlo con más profundidad.

El propósito del PENSAMIENTO PARA LA SEMANA es ayudarte a aplicar lo aprendido; hemos hecho esto para tu edificación. Inevitablemente, en este estudio surgirá un poco de nuestra teología; sin embargo, no te pedimos estar siempre de acuerdo con nosotros, sino pensar detenidamente en lo que se está diciendo a la luz del contexto de la Palabra de Dios y así determinarás que tan valioso es.

Recuerda, los libros de la Nueva Serie de Estudio Inductivo son panorámicos. Si deseas estudiar con más profundidad un libro de la Biblia, te sugerimos los cursos de estudios bíblicos Precepto Sobre Precepto, los cuales son excelentes, pero requieren cinco horas de estudio personal a la semana. Sin embargo, ¡nunca aprenderás tanto! ¡Estos libros son lo mejor! Puedes obtener más información acerca de estos estudios contactando a la oficina de Precepto en tu país.

1 REYES

Introducción a 1 de Reyes

∾ ∾ ∾ ∾

El libro de 1 Reyes relata la historia de los reyes de Israel, desde Salomón hasta Sedequías. Aunque el libro inicia con el gran rey David sentado en el trono de Israel, las primeras palabras de 1 Reyes afirman que David ya estaba llegando al final de su vida. El momento de nombrar a otro rey había llegado y aunque muchos lo deseaban, sólo uno era capaz de tomar su lugar.

Dios deseaba un rey que dependiera totalmente de Él, que siguiera y guardara Sus mandamientos; alguien que guiara a Su pueblo en Sus caminos. El rey que Dios quería debía ser un hombre que fuera conforme a Su corazón, así como David lo había sido.

El deseo de Dios para ti es el mismo. Como dicen las Escrituras, Él busca hombres y mujeres cuyos corazones le pertenezcan totalmente, para así poder guiarlos. Ése es nuestro deseo y oración por ti en este estudio de 1 Reyes. Conforme observamos a nuestro Dios y la grandeza de su fidelidad hacia Su pueblo, oramos para que este estudio aumente tu deseo de caminar diariamente con Él.

¿CÓMO PUEDES OBTENER ÉXITO DONDE QUIERA QUE VAYAS?

Antes de empezar tu estudio, si aún no has leído la sección "Cómo Empezar" al inicio del libro, será beneficioso que lo hagas antes de continuar. Esa parte explica el método de estudio que estaremos usando y define los términos que se usarán en las instrucciones que siguen. Luego, utilizando una tarjeta índice, haz un separador para tus palabras clave así como te sugerimos en la sección "Cómo Empezar". Escribe las siguientes palabras en la tarjeta y márcalas o codifícalas con color de la misma manera que piensas marcarlas en tu Biblia: *corazón, caminó[1], orar (oración, suplica[2], clamor), pacto, alianza[3]* (no lo marques cuando se refiera al arca del pacto del Señor), *sabiduría[4] (sabio)[5], maldición[6] maldijo[7], mandamiento[8], mandamientos (estatutos[9], ordenanzas[10], testimonios[11]), promesa[12] (prometido)[13], lugares altos[14], malo[15], maldad[16], casa[17]* (cuando se refiere a la *casa de Dios), pecar (pecado), Israel y Judá.*

De nuevo, como un recordatorio, asegúrate de marcar de la misma manera cualquier pronombre o sinónimo que se refiera a cada una de estas palabras.

Conforme completes tus lecciones semanales, existen varios ejercicios que deberías incorporar a tu tiempo de estudio.

Primero, cada día cuando leas el material asignado, identifica y marca las palabras clave que se te han indicado poner en tu separador. A la vez marca las frases de tiempo, tal como números de días, años, meses específicos y lugares geográficos.

Segundo, algunas veces podrías hacer listas en tu cuaderno de notas sobre la información que encuentres de las palabras clave, lo cual te ayudará a ampliar tu entendimiento de esas palabras. Agrega a la lista las observaciones que obtengas de marcar las palabras clave. Deja espacio en tu cuaderno de notas para hacer tus listas.

Tercero, usa el cuadro de información para hacer anotaciones sobre cada rey que estudies. El cuadro que utilizaras es: LOS REYES DE ISRAEL Y JUDÁ localizado en las páginas 121 a 124. Complétalo escribiendo el nombre del rey, el tiempo de su reinado y cualquier observación que obtengas acerca del carácter y estilo de vida del personaje.

Finalmente, comienza cada día con una oración. Pídele a Dios que té de sabiduría para poder entender la vida de los reyes de Israel y Judá y así poder aprender lecciones prácticas de sus vidas y cómo Dios trató con ellos. Dios tiene grades cosas guardadas para ti en este estudio de Reyes, por lo que debes ser diligente y deseoso de permitir que el Espíritu Santo sea tu maestro.

Como habrás notado nuestro estudio cubre 1 y 2 Reyes y 2 Crónicas. El leer paralelamente las Escrituras te permite ver información adicional acerca de los reyes y eventos relacionados con este período de la historia de Israel. Como nota final de preparación, debes estar pendiente de las diferencias que existen en el relato de los eventos, debido a que el autor de Reyes y Crónicas no es el mismo. Las diferencias surgen desde algo tan simple como la manera en que está escrito el nombre de algún rey o bien datos más completos como información adicional sobre los eventos que sucedieron. Estas diferencias existen ya que los autores tenían diferentes propósitos al escribir.

El autor de Reyes mostraba interés por la respuesta de cada rey, al pacto establecido por Dios; 1 y 2 Reyes también mencionan los reinados tanto del norte como del sur. El autor de 2 Crónicas se concentra más en la adoración y celebración que fueron dadas para bienestar de Israel y especialmente enumera los grandiosos momentos del juicio y la victoria de los grandes reyes del sur. Por lo tanto, Crónicas frecuentemente nos da detalles de las vidas de los reyes de Judá que no se mencionan en el libro de los Reyes. Es probable que desees escribir en tu cuaderno de notas cualquier información adicional que aprendas en 2 Crónicas.

PRIMER DÍA

Lee 1 Reyes 1 hoy y marca cualquier palabra clave que encuentres en el texto. Luego, léelo nuevamente marcando las frases de tiempo, observando qué está sucediendo, y cuándo. También marca de manera que resalte los siguientes personajes: *David, Adonías* y *Salomón*, incluyendo sus sinónimos (tales como *rey*, pero asegúrate que se estén refiriendo a *David* o *Salomón*) y pronombres (como *él* o *mi*) que se refieran a cada uno. Nota lo que sucede cuando el hombre trata de establecerse así mismo como rey sin ser parte del plan de Dios.

Cuando hayas completado tus observaciones del capítulo, anota la información más importante en el cuadro titulado LOS REYES DE ISRAEL Y JUDÁ que empieza en la página 121.

Si ya has hecho el estudio de la Serie Inductiva de 1 y 2 Samuel, entonces, ya tienes un poco más de información acerca de David; completa el proceso anotando todo lo aprendido acerca del Rey David en 1 Reyes. También es probable que desees iniciar una lista de lo aprendido acerca de Salomón en estos libros. Deja varias hojas en blanco en tu cuaderno de notas para hacer esta lista.

Identifica y anota el tema del capítulo 1 en el PANORAMA DE 1 REYES en la página 115.

SEGUNDO DÍA

Lee 1 Reyes 2 y marca las palabras clave. Observa el mandato de David a Salomón y anota el resultado de la obediencia en tu lista de observaciones acerca de Salomón. Este mandato enseña el sentimiento de Dios hacia Su rey y Su pueblo. Identifica el tema del capítulo 2 y anótalo en tu cuadro del PANORAMA GENERAL DE 1 REYES de la página 115.

TERCER DÍA

Primera Reyes 3 es un capítulo maravilloso. Conforme lo leas, marca las palabras clave y nota cómo Salomón responde cuando Dios dice "Pídeme lo que quieras que Yo te dé". Presta especial atención a la respuesta de Dios. ¿Contestó Dios la petición de Salomón? ¿Por qué? ¿Qué incidente en este capítulo nos muestra la decisión de Dios? Anota tus respuestas a estas preguntas en tu lista de Salomón. También lee 2 Crónicas 1 y marca las palabras clave; es el relato paralelo del capítulo 3 de 1 Reyes.

Agrega a tus listas cualquier nueva observación, y luego, después de descubrir los temas de 1 Reyes 3 y 2 Crónicas 1, anótalos en el cuadro de Panorama General apropiado, localizados en las páginas 115 y 117 respectivamente.

CUARTO DÍA

Lee 1 Reyes 4-5. El capítulo 4 te podrá parecer un poco tedioso, pero léelo cuidadosamente y marca las palabras clave. Luego en el mapa EL REINO DE SALOMÓN localizado en la página 23, traza las fronteras bajo su dominio. Agrega cualquier nueva observación a tus listas.

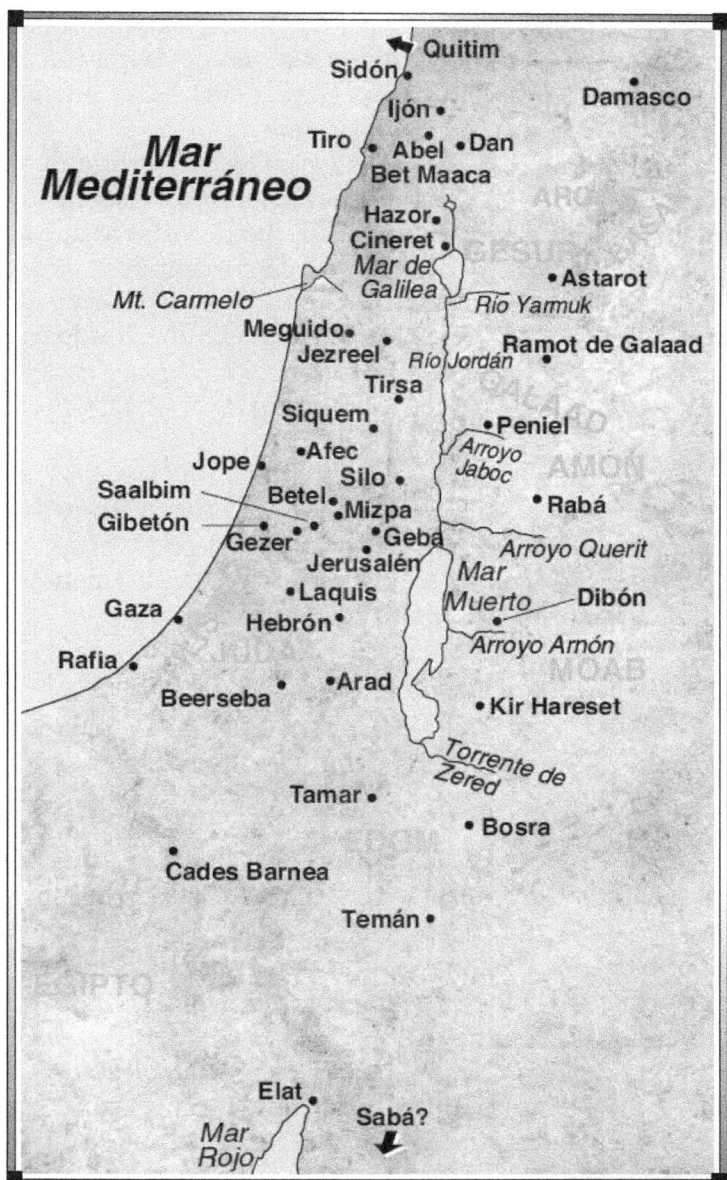

Mar Mediterráneo

Quitim

Sidón

Ijón

Damasco

Tiro

Abel · Dan
Bet Maaca

Hazor

Cineret

Mar de Galilea

Mt. Carmelo

Astarot

Río Yarmuk

Meguido

Jezreel

Río Jordán

Ramot de Galaad

Tirsa

Siquem

Peniel

Afec

Arroyo Jaboc

Jope

Silo

Saalbim

Betel

Mizpa

Rabá

Gibetón

Gezer

Geba

Jerusalén

Arroyo Querit

Mar Muerto

Dibón

Gaza

Laquis

Hebrón

Arroyo Arnón

Rafia

Beerseba

Arad

Kir Hareset

Torrente de Zered

Tamar

Bosra

Cades Barnea

Temán

Elat

Sabá?

Mar Rojo

El Reino de Salomón

Conforme lo hagas, asegúrate de notar la razón por la cual le fue permitido construir la casa del Señor (5:1-6.) Dado que *casa* es una palabra clave, debes hacer una lista de lo que aprendas sobre esta palabra.

Regresa a leer 1 Reyes 5:12 para ver la certeza de las promesas de Dios. Marca este versículo de manera que resalte. Luego, registra en tu cuaderno de notas lo que has aprendido acerca de Dios en estos cinco capítulos.

Identifica y anota los temas de 1 Reyes 4-5 en el cuadro del PANORAMA GENERAL DE 1 REYES localizado en la página 115.

QUINTO DÍA

Lee 2 Crónicas 2-3:2 (el pasaje paralelo de 1 Reyes 4-5). Conforme vayas leyendo, marca las palabras clave y frases de tiempo. Agrega cualquier observación acerca de Salomón y las nuevas palabras clave a tu cuaderno de notas.

Identifica y anota el tema de 2 Crónicas 2 en tu cuadro de PANORAMA GENERAL DE 2 CRÓNICAS localizado en la página 117.

SEXTO DÍA

Lee 1 Reyes 6-7 y 2 Crónicas 3-5:1. Conforme marques las palabras clave en ambas secciones de las Escrituras, observa específicamente cualquier referencia hecha al tiempo y los lugares geográficos. (Cuando marques referencias a la *casa del Señor*, no olvides marcar el pronombre *su* cuando se refiera a la casa de Dios). Cuando termines, anota en los márgenes de tu Biblia (como una referencia rápida) o en tu cuaderno de notas cuándo fue construido el templo (la casa) del Señor, cuándo inició y terminó.

Conforme leas, observa con atención 1 Reyes 6:11-13. En tu lista de Salomón, anota qué debía hacer y lo que Dios haría si obedecía. Si no tienes la Biblia de Estudio Inductivo con sus ilustraciones del templo y su decoración interior, como se describe en los pasajes, encontrarás un dibujo de la casa del Señor a continuación.

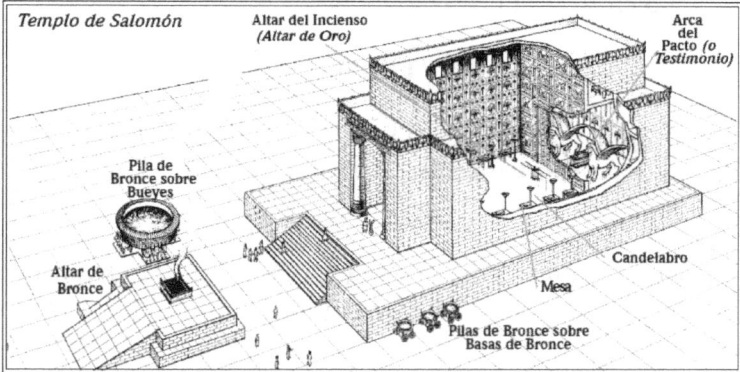

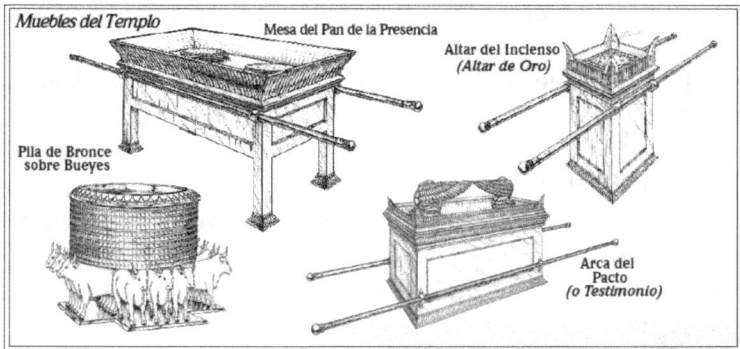

Templo de Salomón y Muebles del Templo

Agrega nueva información a tu lista de palabras clave y a la lista acerca de Salomón. Después de discernir los temas de 1 Reyes 6-7 y 2 Crónicas 3-4, anótalos apropiadamente en los CUADROS DE PANORAMA GENERAL. ¿Encontraste alguna "lección para la vida" en esta primera semana de estudio? (Observa la página 13 en la sección Cómo Empezar). Si es así, escríbelas en el margen de tu Biblia o en tu cuaderno de notas.

SÉPTIMO DÍA

Para guardar en tu corazón: 1 Reyes 3:9
Para leer y discutir: 1 Reyes 2:1-4; 3:1-9; 6:11-13.

PREGUNTAS OPCIONALES PARA LA DISCUSIÓN O ESTUDIO INDIVIDUAL

1 Reyes 2:1-4
- ¿Cuál fue el cargo dado a Salomón por su padre David?
- Discute qué le fue dicho con respecto a la Palabra de Dios y qué le pasaría si era desobediente.

1 Reyes 3:1-9
- ¿Qué puedes observar en Salomón que era diferente a su padre?
- ¿Por qué fue Salomón a Gibeón?
- ¿Qué le pidió Dios a Salomón?
- ¿Cuál fue su respuesta?

1 Reyes 6:11-13
- Discute las condiciones que Dios dio a Salomón con relación a la casa de Dios y el comportamiento de los hijos de Israel. ¿Cuáles son las promesas que da Dios a los que le obedecen?

ৡ ¿Qué principios o preceptos has aprendido esta semana acerca de la vida de David y Salomón que puedas aplicar a tu propia vida?

PENSAMIENTO PARA LA SEMANA

A Salomón le fue dada una gran responsabilidad como el nuevo Rey de Israel. Él debía continuar el ejemplo de su padre y construir la casa del Señor, algo que a nadie se le había permitido. Las expectativas eran grandes, pero no imposibles; así como Dios estuvo con David, también lo iba a estar con Salomón. Salomón empezó bien, cuando Dios le dio la oportunidad de hacerle cualquier petición que quisiera, reconoció su impotencia y pidió un corazón más entendido y la habilidad de poder discernir entre lo bueno y lo malo, para poder juzgar apropiadamente al pueblo. Complacido con esto, Dios le concedió su petición junto con grandes riquezas; no habría nadie como Salomón. 1 Reyes 3:3 afirma: "Salomón amaba al Señor, andando en los estatutos de su padre David, aunque sacrificaba y quemaba incienso en los lugares altos". Salomón hizo concesiones en su adoración al Señor, como verás más adelante. Fue esta concesión que más tarde dividió la nación a la cual deseaba juzgar sabiamente.

Conforme continúes tu estudio, dile a Dios que deseas ser obediente no sólo en algunas cosas, sino en todas. Cuando comenzamos a comprometernos y a ceder a las cosas pequeñas que este mundo tiene para ofrecernos, nuestro corazón comienza a apartarse del primer amor. No permitas que esto suceda, amado de Dios. Tú tienes más de lo que Salomón tuvo: al Espíritu Santo morando en ti.

¿Dónde se Encuentra el Templo de Dios Hoy?

Conforme estudies la dedicación de la casa del Señor esta semana, verás un versículo familiar. 2 Crónicas 7:14 nos dice: "y si se humilla mi pueblo sobre el cual es invocado mi nombre y oran, buscan mi rostro y se vuelven de sus malos caminos, entonces yo oiré desde el cielo, perdonaré su pecado y sanaré sus tierras". Conforme estudies este pasaje, repetido y proclamado por muchos cristianos hoy en día, descubrirás el contexto en el cual esta promesa fue hecha. Y luego entenderás por que en sus casas los judíos dispersos marcaban la pared que apuntaba a Jerusalén y dirigían su rostro hacia ese lugar conforme oraban a Dios, quien justamente los había juzgado.

Que tu estudio de esta semana sea usado por Dios para que tu corazón se incline hacia Él y así puedas caminar en Sus caminos y obedecer Sus estatutos y ordenanzas las cuales Él ha mandado. Si eres realmente un hijo de Dios, tu cuerpo es Su templo y el Espíritu nunca nos aparta de Su Ley; sino que ¡Él nos llena de su ley divina! Esto es santidad.

Primer Día

1 Reyes 8 y 2 Crónicas 5:2-7:10 son versículos muy importantes. Serán el tema de nuestro estudio para los siguientes tres días. Hoy nos concentraremos en el panorama general de 1 Reyes 8. Lee todo el capítulo y marca las palabras clave en tu separador.

También marca la palabra *nube* (o *gloria* si se refiere a nube), ya que es una palabra clave en este capítulo. Ahora, regresa y agrega cualquier observación a tus listas y haz una lista de lo que aprendiste sobre la palabra *nube* (o *gloria*).

Anota el tema del capítulo 8 en el cuadro de PANORAMA GENERAL DE 1 REYES.

ᴀᴏᴏᴄᴡ

Segundo Día

Conforme leíste 1 Reyes 8:31-53 el día de ayer es probable que hayas observado un patrón en el texto. Cada párrafo nuevo tiene la frase "escucha Tú desde los cielos[18]". Cada vez que ésta frase es utilizada, la precede un "si" o un "cuando," la cual indica la situación en la que los hijos de Israel estarían algún día. Marca la frase *escucha Tú desde los cielos* (o cualquier frase similar). Observa las situaciones o circunstancias relacionadas con el "si" o el "cuando" y márcalos de manera distintiva.

Cuando hayas terminado tu tarea, repasa lo que has marcado y nota lo que Dios tiene bajo Su control.

ᴀᴏᴏᴄᴡ

Tercer Día

Tu tarea para hoy es leer 2 Crónicas 5:2-7:22 y marcar las palabras clave. También marca *escucha Tú desde los cielos* (o frases similares), junto con cada mención del *si* y el *cuando* (cuando esté en estas frases).

¿Puedes ver ahora el contexto de 2 Crónicas 7:14? ¿Te da el contexto y todo lo que has observado estos últimos tres días, un mejor entendimiento sobre este versículo que tanto repetimos y proclamamos? Muchas veces lo mencionamos y lo aclamamos. ¿Notaste la inclusión de "extranjero" en 1 Reyes 8:41-43 y 2 Crónicas 6:32-33? Interesante, ¿verdad?

Identifica y anota el tema de 2 Crónicas 5-7 en el CUADRO DE PANORAMA GENERAL DE 2 CRÓNICAS y también agrega tus nuevas observaciones a tus listas.

Cuarto Día

Lee 1 Reyes 9 y marca las palabras clave y referencias de tiempo. Observa con cuidado en la porción 9:1-9 qué hizo el Señor, qué requería de Salomón y de los hijos de Israel y las consecuencias de la obediencia y desobediencia. Escribe cuidadosamente tus notas de lo aprendido al marcar las referencias a la *casa del Señor* en este capítulo.

Escribe las cosas más importantes sobre las palabras clave en tu cuaderno de notas e identifica y anota el tema de 1 Reyes 9 en el CUADRO DEL PANORAMA GENERAL DE 1 REYES.

Quinto Día

Tu tarea para el día de hoy será leer 2 Crónicas 7:11-8:18, para obtener una idea completa de los eventos históricos que estudiaste ayer en Reyes. (Sabemos que leíste él capítulo 7, sin embargo, deseamos que observes los paralelos cronológicos con 1 Reyes 9).

Descubre y anota el tema de 2 Crónicas 8 en el CUADRO DEL PANORAMA GENERAL DE 2 CRÓNICAS.

Sexto Día

Hoy, lee 1 Reyes 10 y marca las palabras clave. En este pasaje el lector es introducido a la Reina de Sabá. Aprende todo lo que puedas acerca de ella al contestar las 6 preguntas básicas: ¿Quién? ¿Qué? ¿Cómo? ¿Cuándo? ¿Dónde? ¿Por qué? (Observa la sección Cómo Empezar localizada en la página 9).

Cuando hayas terminado, escribe en tu cuaderno de notas cómo Dios bendijo a Salomón y agrega cualquier nueva información a tus listas.

Ahora lee 2 Crónicas 9, el pasaje paralelo de 1 Reyes 10 e identifica los temas del capítulo anotándolos en los cuadros apropiados. (En este punto, anotar los temas ya debe ser parte de tu rutina, por lo que no repetiremos esta instrucción más que ocasionalmente como un recordatorio).

¿Observaste si en la tarea de esta semana hay alguna "LPV" que puedas aplicar a tu vida? Si es así, regístrala en tu cuaderno de notas o en tu Biblia.

❧

SÉPTIMO DÍA

Para guardar en tu corazón: 2 Crónicas 7:13,14.

Si ya has memorizado estos versículos, entonces memoriza 1 Reyes 8:23 ó 8:61.

Para leer y discutir: 1 Reyes 8:22-61; 2 Crónicas 6-7 (Lee estas secciones conforme los discutas.)

PREGUNTAS OPCIONALES PARA LA DISCUSIÓN O ESTUDIO INDIVIDUAL

ᑲ Conforme has estudiado 1 Reyes 8 y 2 Crónicas 6-7, ¿qué has aprendido acerca de Dios? (Si estás haciendo este estudio en grupo, tener un pizarrón para escribir será de mucha utilidad para poder anotar las observaciones de los miembros del grupo junto con los versículos que les dieron estas apreciaciones).

ᑲ ¿Cómo puede este conocimiento de Dios ayudarte en tu vida diaria?

ᑲ ¿Qué has aprendido al marcar las referencias al *si* o el *cuando* y *escucha Tú desde los cielos*?

∾ ¿Qué te enseñaron estos versículos acerca de Dios y Su poder?

∾ ¿Qué has aprendido acerca del pecado, obediencia, perdón y el juicio de Dios?

∾ En la bendición de Salomón a la asamblea en 1 Reyes 8:54-61, ¿cuál era su deseo? ¿Estaba tomando control del cargo dado a él por su padre en 1 Reyes 2:1-4?

El Templo

∾ ¿Qué has aprendido acerca del templo? ¿Cuándo fue construido? ¿En cuánto tiempo? ¿Cómo era? ¿Dónde estaba localizado? ¿En qué tierra?

∾ ¿Qué has aprendido acerca de los israelitas y las ramificaciones de su obediencia y desobediencia con respecto a la tierra y al templo?

∾ ¿Ves alguna evidencia del impacto de estas palabras en la nación de Israel hoy en día?

∾ ¿Qué se encuentra actualmente en el lugar donde estuvo antes el templo? ¿A quién pertenece la tierra donde Salomón construyó el templo (2 Crónicas 3:1)? ¿Sabes por que ya no existe el templo? De acuerdo con lo observado en la Palabra de Dios esta semana, ¿qué deberían estar haciendo los hijos de Israel?

∾ ¿Qué has aprendido esta semana sobre la importancia de la oración y la comunión con Dios? ¿Aprendiste por qué debes orar? ¿Posibles posiciones físicas para orar? ¿Cómo responde Dios a la oración?

∾ ¿Cuál es la verdad más significativa que has aprendido esta semana que puedas aplicar a tu vida? O, en otras palabras, ¿qué lecciones para la vida has aprendido en esta semana? ¿Harán algún cambio en tu manera de vivir? Si estás con tu grupo, discútanlo juntos.

PENSAMIENTO PARA LA SEMANA

Conforme David llegaba a su muerte, hizo todo lo posible para asegurar a Salomón como su sucesor. El deseo de Dios era un rey que caminará con Él y obedeciera Sus mandamientos para poder bendecir a Su pueblo. Pero las bendiciones no venían sin condiciones, la clave era obediencia, hasta el día de hoy. Un Dios santo no puede ignorar el pecado, sin embargo, provee perdón y misericordia a aquellos que se humillan ante Él en oración, buscan Su rostro y se vuelven de sus malos caminos. Como al principio, así es hoy. El deseo de Dios para Su pueblo era que le obedecieran y de esta manera todos los pueblos de la tierra conocieran que Él era el único Dios, que no existe ningún otro. (Lee 1 Reyes 8:59-61).

¿Estas poniendo atención a Su llamado para obedecerle y andar en Sus caminos? ¿Acaso hay algo que necesitas cambiar para que tu vida se ajuste a Sus mandamientos? Pídele a Dios que revele a tu corazón todo aquello que no le agrada a Él. (Salmos 139:23,24). Y recuerda, conforme vayas viviendo cada día, si eres Su hijo, tu cuerpo es Su templo. Que todo en Su templo le dé la "Gloria".

¿LA INFLUENCIA DE QUIEN ESTÁS SIGUIENDO?

Entender la historia de Israel es vital para poder entender las Escrituras totalmente. Estás en el proceso de la construcción de una base bíblica e histórica la cual te servirá para estar firme. Sé cuidadoso para construirla bien. Recuerda ir cada día al Señor en oración; pide sabiduría para tu estudio, que abra tus ojos para poder entender Su verdad, también pídele que use este estudio no sólo para darte un conocimiento más profundo de 1 y 2 Reyes y 2 Crónicas, sino también para que seas más como Cristo.

PRIMER DÍA

Lee 1 Reyes 11 y marca el texto conforme avances. Éste es un capítulo muy importante, ya que marca un cambio en el curso de los eventos. Observa qué le sucede a Salomón en este capítulo y luego, regístralo en tu cuaderno de notas.

El siguiente cuadro de observación resalta algunos de los dioses introducidos a Israel por las esposas de Salomón. Lo encontrarás esclarecedor.

Jeroboam es un personaje importante. Préstale atención a lo que puedas aprender de él. Una vez más, haz las seis preguntas básicas conforme leas acerca de él. Si tienes tiempo extra, anota las apreciaciones que encuentres.

N   O   T   A

Influencias
Religiosas de
las Esposas de
Salomón
1. Los dioses de
Egipto
2. Astoret – diosa
Sidonia (Cananea)
de la fertilidad, el
amor y la guerra. Era
la esposa de Baal.
(2 Reyes 23:13).
3. Milcom
– dios *Amonita* cuyo
nombre significa
"rey". A petición de
sus esposas paganas,
Salomón edificó
santuarios para
Milcom en el monte
de los Olivos
(2 Reyes 23:13).
4. Quemos – dios
de *Moab* – que
significa "sojuzgar".
Salomón levantó
un santuario para
Quemos en una
montaña al este de
Jerusalén (2 Reyes
23:13; Jeremías
48:7, 13, 46).
5. Moloc – dios
pagano de los
Amonitas a quien
se hacían sacrificios
humanos, por lo
general de niños.
Dios condenó esa
costumbre (Levítico
18:21; 20:3-5;
2 Reyes 23:10;
Jeremías 32:35).
Compárese con
2 Reyes 17:31 y
Jeremías 7:31; 19:5.

En el cuadro de LOS REYES DE ISRAEL Y JUDÁ localizado en las páginas 121 a 124, anota cualquier nueva observación acerca de Salomón. No olvides anotar los temas del capítulo de esta semana.

SEGUNDO DÍA

Lee 1 Reyes 12 y marca las palabras clave. Presta mucha atención a Jeroboam y Roboam, ya que ellos son muy importantes en la historia de Israel. Escribe la diferencia entre ambos hombres en tu cuaderno de notas. Observa sus acciones y las consecuencias de sus comportamientos y decisiones. Romanos 15:4 afirma "porque todo lo que fue escrito en tiempos pasados, para nuestra enseñanza se escribió, a fin de que por medio de la paciencia y del consuelo de las Escrituras tengamos esperanza". Por lo tanto, es conveniente detenerse y meditar sobre lo que hemos observado y como las apreciaciones que hemos hecho de estos hombres aplican a nuestra vida diaria. Anota la información más importante acerca de estos reyes en el cuadro de LOS REYES DE ISRAEL Y JUDÁ.

En 1 Reyes 12:30,31, hay una referencia a la adoración en los lugares altos. Estos lugares eran áreas donde Baal y otros dioses eran adorados. Israel tenía prohibidas estas prácticas cuando entraron a la tierra prometida. Dios les dijo que sacaran a todos los habitantes de la tierra, que destruyeran todos sus ídolos de piedra y sus imágenes moldeadas y que demolieran todos los lugares altos (Números 33:52).

Observa cómo los eventos ocurrieron en 1 Reyes 12:16-20. El cuadro titulado LA DIVISIÓN Y EL CAUTIVERIO DE ISRAEL, te dará una buena perspectiva de la división del reino.

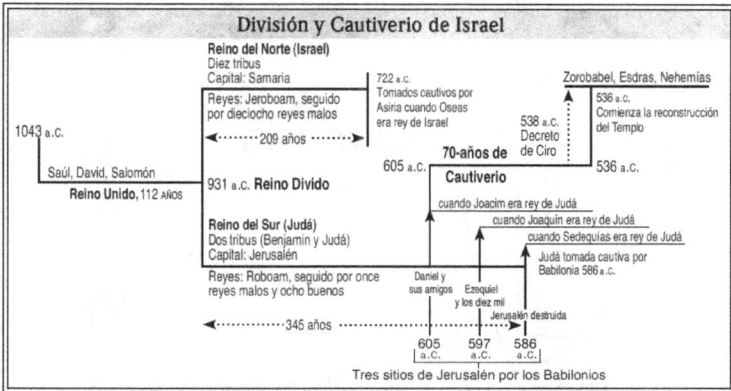

División y Cautiverio de Israel

Anota el tema de 1 Reyes 12. Conforme se divide el reino, observa las fronteras. Busca el mapa EL REINO DIVIDIDO (localizado en la siguiente página) para obtener una idea de la separación.

ᴥᴥᴥ

TERCER DÍA

Lee 2 Crónicas 10-11:4 y marca las palabras clave conforme avances. Éste es un relato paralelo con 1 Reyes 12. Busca más observaciones acerca de Jeroboam y Roboam.

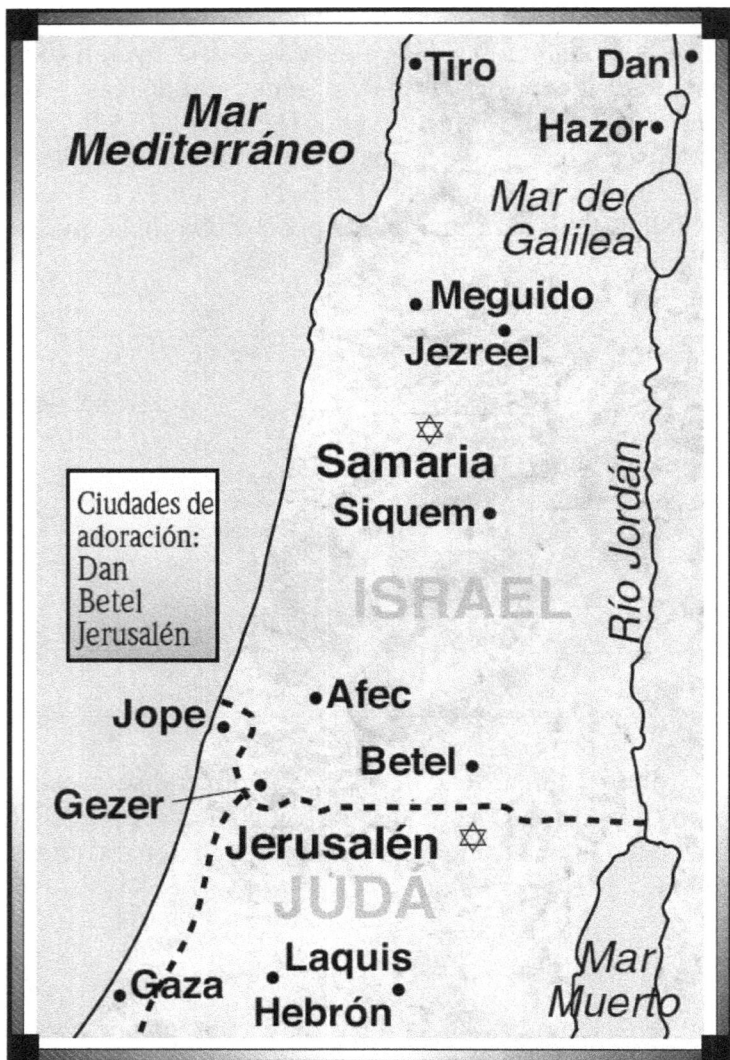

El Reino Dividido 931-586 a.C

Estos capítulos son muy importantes en la historia de Israel. Sería beneficioso que repases 1 Reyes 12 cuando estudies estos capítulos en 2 Crónicas.

CUARTO DÍA

Lee 1 Reyes 13. Marca las palabras clave y las referencias de tiempo. Observa el intercambio que hubo entre Jeroboam y el hombre de Dios. Conforme leas, anota lo aprendido acerca del hombre de Judá quien clamó en contra del altar. Observa las consecuencias de su desobediencia posteriormente en el capítulo. La obediencia a medias es siempre desobediencia.

QUINTO DÍA

Lee y marca 1 Reyes 14.

1 Reyes 14:23 se refiere a "Aseras", ídolo que los hijos de Israel habían hecho por ellos mismos en cada lugar alto y debajo de cada árbol frondoso para dar adoración a Astoret la diosa de los Sidonios. Estas imágenes estaban relacionadas con la adoración de Baal. De acuerdo con su mitología, Astoret era la esposa de Baal.

Presta mucha atención al destino de Jeroboam y el Reino del Norte y la razón de todo esto. Luego observa qué ocurrió en el Reino del Sur.

Traslada la información de Jeroboam y Roboam al cuadro LOS REYES DE ISRAEL Y JUDÁ localizados en las páginas 121 a 124. Escribe qué le sucede a Roboam al final de 1 Reyes 14.

SEXTO DÍA

Lee 2 Crónicas 11:5-12:16, el relato paralelo a 1 Reyes 14. Marca las palabras clave y busca cualquier información adicional acerca de Jeroboam y Roboam y agrégala a tu cuadro.

Observa cuidadosamente 2 Crónicas 12:7,8. El Señor es compasivo con aquellos que se humillan, pero Él es justo, ¡y el pecado no se puede dejar sin castigo!

Recuerda anotar los temas de 2 Crónicas 11 y 12 en el cuadro del PANORAMA GENERAL DE 2 CRÓNICAS. Asegúrate que tus cuadros estén actualizados con relación a los capítulos que hemos estudiado.

¿Qué "LPV" has podido encontrar esta semana? Escríbelas a continuación.

SÉPTIMO DÍA

Para guardar en tu corazón: Salmos 119:1-3
Para leer y discutir: 1 Reyes 11.

PREGUNTAS OPCIONALES PARA LA DISCUSIÓN O ESTUDIO INDIVIDUAL

∾ Salomón empezó de una manera firme, comprometido, con rumbo a Dios, ¿qué sucedió?
a. ¿Crees que Salomón esperaba que esto sucediera?
b. ¿Cuáles fueron las consecuencias?
∾ Discute la raíz del problema que causo que Salomón cayera (1 Reyes 11:4).
∾ Discute cómo Dios cumplió Su promesa a Salomón, mencionada en 1 Reyes 11:11-13.

∿ ¿Alguna vez has conocido a alguien que empezó con una gran devoción hacia Dios y se fue apagando a través de los años?

∿ ¿Por qué crees que hay falta de compromiso?

∿ ¿Cómo afectaron las acciones de Salomón al futuro del pueblo de Israel?

  a. ¿Qué te dice esto de Dios?

  b. ¿Cómo evalúas esto con lo aprendido acerca de Dios hasta este punto en tu estudio?

∿ Si Salomón hubiera obedecido los mandamientos de Dios, ¿se habría dividido el reino?

∿ ¿Qué pudo haber hecho Salomón para prevenir esta división (1 Reyes 2:1-4)? A cada rey que tomaba el poder, se le requería que escribiera las leyes. Lee Deuteronomio 17:14-20 y observa qué sabía Salomón que tenía que hacer pero que no hizo.

∿ ¿Eres tú como Salomón, llamado a caminar en los caminos del Señor? ¿Crees que Dios te perdonaría a ti lo que responsabilizó a Salomón? ¿Puedes respaldarlo con la Biblia?

PENSAMIENTO PARA LA SEMANA

Salomón era un hombre inteligente quien seguramente sabía la verdad, pero escogió no seguirla y caminar en su propio camino. En búsqueda del placer y la satisfacción de sus deseos, él desobedeció a Dios; sembró vientos y cosechó remolinos. El resultado de su desobediencia fue la división de su reino en Reino Norte de Israel y Reino Sur de Judá. Tal vez, Salomón olvidó que sus riquezas y la sabiduría que tenía venían de Dios. ¿O pensaría que solo por que había construido el templo o por que era rico y sabio no debía someterse a la obediencia total o que estaba exonerado de las consecuencias de desobedecer?

David instruyó a su hijo Salomón a obedecer los mandamientos, ordenanzas y testimonios de Dios y a caminar en Su sendero. Si Salomón hubiera escuchado a su padre y seguido a Dios sin compromisos, entonces hubiera obtenido el éxito en todo lo que su mano tocara y su reino hubiera quedado intacto. Pero no escuchó, su corazón se aparto del Señor. ¿Puedes ver que este mismo principio se aplica a nosotros? Si nuestros corazones pertenecen completamente de Él, si caminamos en la Palabra de Dios en lugar de ser influenciados por el mundo, seremos victoriosos en las cosas del Señor. En medio de las luchas, para alcanzar tus sueños y metas, siempre debes recordar que todo lo que eres y tienes son regalos de Dios. Solamente Él merece tu lealtad, Él es quien debe ser tu meta; pon tus ojos en Él.

Agradécele a Dios hoy por cómo te ha hecho, por los talentos y habilidades que te ha dado y formado en lo que eres y por los dones espirituales que te dio cuando te salvó. Luego pregúntale si hay algo que no le estás dando y que evita que Él pueda hacer más en ti y a través de ti. ¿Habrá algunas personas en tu vida que han influenciado y comprometido tu caminar y tu relación con Dios? Si es así, ¿estás dispuesto a sacar todo aquello que distrae tu devoción plena al Único que se la merece?

¿QUÉ TAN PACIENTE ES DIOS ANTE LA DESOBEDIENCIA DE SU PUEBLO?

Salomón y David estaban muertos. El reino que una vez fue fuerte y unido estaba roto y separado por las vanas persecuciones de Salomón. En lugar de que un solo rey reinara al pueblo de Dios, ahora eran dos reinos. Los becerros de oro recibían ahora el crédito de salvar al pueblo de Dios de sus enemigos. ¡Que tragedia!

El pueblo de Dios cayó en desobediencia, pero Él siempre permaneció igual, justo en todos Sus caminos, paciente y perdonador... ¡Qué gran Dios! Éste es al Dios que sirves.

Conforme estudies esta semana, nuestra oración para ti y para nosotros es que no permitamos que nada se interponga entre nosotros y Dios. Al comprometerte a otra semana de estudio, pídele a Dios que te enseñe Su carácter y Sus caminos... los cuales permanecen constantes a través de la eternidad.

PRIMER DÍA

Tu tarea para hoy es leer 1 Reyes 15 y marcar las palabras clave. Conforme leas, usa dos colores diferentes para marcar las descripciones de cada rey: Un color para los reyes malos y otro para los reyes justos. También asigna un color para cada reino y subraya a cada rey de acuerdo con su reino, el Norte y el Sur.

Si tienes la *Biblia de Estudio Inductivo*, tal vez quieras utilizar los colores usados en los cuadros de la historia de Israel al inicio del libro. Estos cuadros no solamente te darán la cronología de ambos reinos, sino también te ayudarán a ver la relación entre estos reyes. También te muestra a los profetas que vivieron y ministraron durante los reinados de estos reyes. Si no tienes la BEI, al final de este libro encontrarás cuadros en blanco y negro que puedes usar.

A partir de este punto en tu estudio, una vez observes la vida de cada rey de principio a fin, anota la información en el cuadro que comienza en la página 121 conforme lo has hecho hasta ahora. (Este cuadro también está en la BEI después de 2 Reyes, si tienes esta Biblia, anótalo también allí.) Cuando completes el cuadro, usa la misma codificación de colores que utilizaste en tu Biblia para mostrar si un rey era bueno o malo. El hacer esto te ayudará a ver la dimensión de los reyes buenos y malos. Observa que Abiám está escrito en 2 Crónicas (capítulo 13) como Abías. Es interesante observar que a pesar de que Abiám era malo, Dios le dio "una lámpara en Jerusalén, levantando a su hijo después de él y sosteniendo a Jerusalén. Porque David había hecho lo recto ante los ojos del SEÑOR, y no se había apartado de nada de lo que Él le había ordenado durante todos los días de su vida, excepto en el caso de Urías el Hitita." (1 Reyes 15:4,5).

Una profecía fue dada en 1 Reyes 14:7-16; su cumplimiento está en 1 Reyes 15:29,30. Anota esta referencia cruzada en el margen de tu Biblia como una Lección para la Vida (LPV) ¡Cuando Dios dice algo, cumple Su Palabra!

Identifica y anota el tema de 1 Reyes 15 en el cuadro del PANORAMA GENERAL DE 1 REYES de la página 115 y agrega cualquier observación nueva a tu lista de palabras clave.

SEGUNDO DÍA

Lee 2 Crónicas 13-16:14 y continúa marcando las palabras clave. Así como lo has hecho en 1 Reyes, codifica con colores la descripción de la forma de vida de cada rey de Israel o Judá y si era malo o justo. A pesar de que hay varios eventos paralelos en estos capítulos, siempre busca nuevas observaciones. También, registra los temas de los capítulos 13-15 de 2 Crónicas y agrega las observaciones a tu cuaderno de notas en tu lista de palabras clave.

TERCER DÍA

Lee 1 Reyes 16 y marca las palabras clave anotadas en tu separador y agrégalas a tus listas. Recuerda marcar los diferentes reyes conforme leas, usa la lista de colores que creaste para denotar cual reino gobernaban los reyes y si eran malos o justos. Completa el cuadro de LOS REYES DE ISRAEL Y JUDÁ con la información de Baasa, Asa, Ela, Zimri, Omri y Acab. Éste te ayudará conforme vayas poniendo el libro de 1 Reyes en orden histórico.

Observa la profecía dada a Jehú concerniente a Baasa y su cumplimiento. Esta profecía es una evidencia de la seguridad que la palabra de Dios se cumple. También, observa el cumplimiento, en el versículo 34, de la profecía dada por Josué (Josué 6:26). A pesar de que transcurran cientos o miles de años, puedes estar seguro que lo que Dios dice sucederá.

Cuarto Día

Lee 1 Reyes 17, marca las palabras clave, frases de tiempo y los lugares geográficos. Elías, un personaje significativo en la Biblia, entra en escena en este capítulo. Te será de mucha ayuda escribir en tu cuaderno de notas las cosas más importantes que observes acerca de él, su vida y ministerio; específicamente acerca de los milagros que se dan a través de él. Observa las primeras palabras de Elías cuando entra en escena en la historia de Israel. ¡Qué introducción!

Quinto Día

Lee 1 Reyes 18, es una historia que probablemente has oído desde niño en la iglesia. Marca las palabras clave y las frases de tiempo; registra también tus observaciones acerca de Elías en tu cuaderno de notas.

Observa cómo Dios le responde a Elías y los milagros que hace a través de él. Agrega cualquier observación nueva a tus listas.

Sexto Día

Lee y marca 1 Reyes 19, luego actualiza tus notas acerca de Elías. Es interesante cómo Elías huye de Jezabel ¡después de ver los milagros que Dios acababa de hacer! Esto nos recuerda que Elías era un hombre con la misma naturaleza como nosotros, aunque cuando oró intensamente, Dios le escuchó (Santiago 5:17,18).

¿Recuerdas anotar siempre los temas de estos libros? Anota el tema de 1 Reyes 19 en el cuadro apropiado y también qué te está enseñando Dios a través de este estudio.

ᑌᑍᑟᑎ

SÉPTIMO DÍA

Para guardar en tu corazón: 1 Reyes 18:21
Para leer y discutir: 1 Reyes 18.

PREGUNTAS OPCIONALES PARA LA DISCUSIÓN O ESTUDIO
INDIVIDUAL

∾ ¿Cuándo vino la Palabra de Dios a Elías en 1 Reyes 18?
¿Cuál fue el mensaje?

∾ ¿Qué has aprendido acerca de Abdías? ¿Por qué no
quería llevar el mensaje de Elías al Rey Acab?

∾ El Rey Acab llamó a Elías el problema de Israel. Pero,
¿quién era el verdadero problema en Israel? ¿Cómo
sabes esto?

∾ Elías desafió a los idólatras a determinar el dios de
quién mandaría fuego para demostrar que sólo hay un
Dios verdadero ¿Qué sucedió?

∾ ¿Qué sucedió cuando los 450 profetas clamaron a Baal?
¿Qué crees que fue esto?

∾ ¿Por qué Elías quería una respuesta de Dios a la
confrontación con los siervos de Baal? ¿Sería para la
gloria de Elías o para la gloria de Dios?

∾ ¿Por qué Elías coloco doce piedras alrededor del altar?

∾ ¿Por qué Elías derramo agua en la ofrenda quemada y
llenó el canalete alrededor del altar?

∾ Cuándo Elías oró a Dios, ¿por qué le pidió que enviara
fuego?

∾ ¿Fue la petición de Elías contestada?

∾ ¿Qué sucedió con los profetas de Baal?

∾ ¿Qué has aprendido acerca de Dios en este capítulo?

∾ ¿Qué has aprendido de la oración en este capítulo?

∾ ¿Qué has podido ver en este capítulo que puedas aplicar
a tu vida?

Si estás haciendo esto en grupo y tienen tiempo extra, discutan por qué Elías huyó de Jezabel y los acontecimientos que le siguieron, observa esto en 1 Reyes 19.

Pensamiento Para la Semana

Cuando Elías hizo el desafío entre Dios y Baal, él sabía que en realidad no había desafío. Israel había puesto su fe en dioses que no existían, mientras que el verdadero Dios estaba siendo rechazado. Como resultado de esta confrontación, después que Dios había consumido en llamas la madera y al buey, el pueblo cayendo sobre su rostro exclamó: "El Señor, Él es Dios" (1 Reyes 18:39). Y por un momento, Dios recibió el reconocimiento que merecía.

¿Reconoces realmente que el Señor es Dios? ¿Entiendes qué y quién es Él? ¿Le das el reconocimiento que Él merece? Él es fuego consumidor con el cual seremos consumidos.

Conforme pases tiempo con Él esta semana, esperamos que seas consumido en el deseo de conocerle más íntimamente, que como hombre o mujer de semejantes pasiones, como Elías, puedas vivir permaneciendo en Su Palabra y que te comuniques con Él en oración constante.

¿Estás Preparado para Pelear la Batalla Siguiendo las Reglas de Dios?

~~~~

La vida de un cristiano no está libre de conflictos, estamos en una batalla espiritual. La pregunta es, ¿cuando llegue la batalla, estarás preparado para pelear de acuerdo a las reglas de Dios?

Cuando la relación de Israel y Judá con Dios se deterioró bajo el liderazgo de reyes malos, las batallas no cesaron. En la mayoría de batallas, Dios trazó un plan para el éxito, sin embargo, muchas veces Sus planes eran seguidos solo a medias, lo cual nos trae a un punto de aplicación ¿Estás siguiendo a Dios totalmente o estás combinando Sus planes con los tuyos?

Conforme estudies esta semana, recuerda que estas cosas están registradas para que podamos aprender del ejemplo de Israel.

Primer Día

Lee 1 Reyes 20 para familiarizarte con este capítulo. Léelo nuevamente, marcando las palabras clave y referencias de tiempo. Luego lee 1 Reyes 15:16-22 para hacer un breve recordatorio de Ben-adad.

¿Por qué Dios ofreció liberar a Acab de Ben-adad (1 Reyes 20:13)? Presta atención a los eventos principales de las batallas y el número de muertos en los versículos 15-30. (Tal vez desees escribir sobre esto en tu cuaderno de notas). A pesar de todo el pecado y la desobediencia, Dios nunca abandonó a Su pueblo.

Después que Dios dijo a Acab que destruiría a Ben-adad, Acab hizo un pacto con Ben-adad y le perdonó su vida. ¿Recuerdas el pacto entre David y Jonatán? ¿Qué tan comprometedor era este acuerdo? Ahora, Acab y Ben-adad estaban obligados a defenderse el uno al otro, piensa en esto por un momento: ¡Acab había hecho un pacto con el hombre a quien Dios había dicho que matara! ¿Cuál fue la consecuencia de su decisión (1 Reyes 20:42)? Identifica y anota el tema del capítulo 20 en el cuadro apropiado.

Segundo Día

Hoy lee 1 Reyes 21 y marca las palabras clave. Registra cualquier nueva observación acerca de Elías en tu cuaderno de notas, así como también nueva información que estés recopilando sobre las palabras clave. Cuidadosamente lee acerca de los acuerdos entre Acab y Jezabel con Nabot y su viña. Recuerda, esto pasó poco después que Dios le dijo que perdería su vida. ¿Le dio temor de Dios en este punto de su vida?

¿Observaste que Jezabel hizo que Acab ordenara un "ayuno" referente a la viña de Nabot? En los tiempos del Antiguo Testamento, los ayunos eran normalmente religiosos de naturaleza y se hacían en tiempos de dolor, problemas, arrepentimiento o en honor de días conmemorativos. Sorprendentemente este fue un mal uso de esta práctica religiosa; el ayuno de Jezabel fue declarado con el propósito de ¡engaño y asesinato!

Marca la profecía concerniente a las muertes de Acab y Jezabel, te será de mucha ayuda más adelante (1 Reyes 21:17-24). No olvides la reacción de Acab ante la profecía de Elías en 1 Reyes 21:27-29. Escribe en tu cuaderno de notas lo que has aprendido acerca de Dios en estos versículos.

TERCER DÍA

Lee 1 Reyes 22 y marca las palabras clave y referencias de tiempo conforme vayas estudiando. Recuerda codificar con colores a los reyes y así sabrás si son malos o buenos; también observa sus reinos y personajes. En este capítulo conocerás a otro profeta interesante: Micaías. Escribe tus observaciones acerca de él en tu cuaderno de notas.

A través de todos los eventos y las diferentes profecías que han sido hechas, observa que la Palabra del Señor se cumplió tal y como Él dijo que sucedería. Lee 1 Reyes 22:17, luego 1 Reyes 22:34-36 y busca las similitudes entre ambos pasajes.

En el margen de tu Biblia escribe el cumplimiento de la profecía referente a la muerte de Acab (22:37,38). Compara 1 Reyes 22:37,38 con 1 Reyes 21:19 y no olvides completar la información sobre Acab y Josafat en el cuadro de LOS REYES DE ISRAEL Y JUDÁ. También, agrega los temas de los capítulos en el respectivo cuadro del Panorama General.

CUARTO DÍA

Hoy, lee 2 Crónicas 17 para obtener mayor conocimiento de la vida de Josafat. Luego, lee 2 Crónicas 18, el cual es el capítulo paralelo de 1 Reyes 22 y observa la información nueva acerca de Josafat y la batalla en Ramot de Galaad. Recuerda marcar las palabras clave, frases de tiempo y los lugares geográficos. Agrega nuevas observaciones a tus listas y escribe cualquier información adicional acerca de Josafat en el cuadro de LOS REYES DE ISRAEL Y JUDÁ.

QUINTO DÍA

Tu tarea de hoy es leer 2 Crónicas 19 y marcar las palabras clave. Busca cualquier nueva información acerca de la vida de Josafat y escríbelas en el cuadro. En los versículos 5-7 Josafat nombra jueces; observa qué les indica hacer y como los instruye para emitir juicio. También, en los versículos 8-11 Josafat responsabiliza a algunos de los levitas y sacerdotes para emitir juicio. Observa también la relación de Josafat con el Señor y cómo se compara con la de su padre, Asa.

SEXTO DÍA

Lee 2 Crónicas 20 y marca las palabras clave. Busca las respuestas a las seis preguntas básicas mientras vayas leyendo. Conforme estudies este capítulo, cuidadosamente observa la manera en cómo Josafat buscó al Señor. Mira el contenido de su oración y cómo Dios le respondió. Recuerda trasladar la información de Josafat al cuadro de la página 121 y agrega la nueva información de las palabras clave a tus listas.

Anota el tema de 2 Crónicas 20 en el cuadro del PANORAMA GENERAL.

SÉPTIMO DÍA

Para guardar en tu corazón: 2 Crónicas 20:17
Para leer y discutir: 2 Crónicas 20.

PREGUNTAS OPCIONALES PARA LA DISCUSIÓN O ESTUDIO
INDIVIDUAL

∾ ¿Qué hizo Josafat cuando escuchó que el enemigo venía en su contra? Discute todo lo observado sobre su respuesta; desde lo que él experimentó hasta lo que hizo que otros hicieran (20:1-4).

∾ Discute el contenido de la oración de Josafat ¿cómo empezó? ¿Qué le recordó a Dios? ¿Qué le pidió a Dios que hiciera? ¿En qué se basó? (20:5-13).

∾ ¿Cómo reaccionas cuando se te presenta repentinamente una amenaza enemiga? ¿Qué has aprendido de Josafat que puedas aplicar a tu propia vida? ¿Cómo?

∾ ¿Cómo respondió Dios a Josafat? ¿Cuáles fueron Sus instrucciones específicamente?

∾ ¿Por qué crees que Dios responde como lo hace?

∾ ¿Estaban Josafat y su pueblo peleando su propia batalla?

∾ ¿Cuáles fueron las instrucciones de Dios?

∾ ¿Hay algo que puedas aprender de la respuesta de Dios a la situación de Josafat y que puedas aplicar a tu propia vida?

∾ ¿Qué sucedió cuando los dos ejércitos se enfrentaron?

∾ ¿Te sorprendió lo que leíste en 2 Crónicas 20:35-37? Discute lo aprendido sobre este pasaje y qué puedes aplicar a tu propia vida.

∾ ¿Qué has aprendido esta semana sobre batallar con el diablo, el enemigo, a la manera de Dios? ¿Cuál debe ser tu estrategia de batalla cuando te encuentras en una batalla espiritual?

∾ ¿Cuál ha sido la verdad más significativa que aprendiste durante esta semana? ¿Por qué? ¿Acaso es una "LPV" que desees escribir para recordarla?

PENSAMIENTO PARA LA SEMANA

A pesar de que Israel cometió muchos errores durante el período de los reyes, hubo muchas veces en que se dieron cuenta que su única esperanza era la fortaleza del Señor. Fue durante estos tiempos, que Dios se hizo cargo de la situación y peleó las batallas por ellos. Muchos de sus fracasos vinieron cuando trataron de pelear por su propia cuenta y bajo sus propias reglas.

Esta verdad es la misma hoy. Es probable que nuestras batallas no sean iguales a las de Israel, aun así, las enfrentamos cada día. Es el deseo de Dios que cuando tengamos conflictos lleguemos a Él en busca de sabiduría, fortaleza y dirección. No cometas los mismos errores que Israel. Sino, que así como Josafat, entrégate completamente al Señor, confía en Él y recuérdale Sus promesas. Busca Su dirección y liderazgo y encontrarás Su socorro, vendrá a tu ayuda como el Capitán de las huestes, listo para guiarte a la victoria segura de la fe.

2 Reyes

INTRODUCCIÓN A 2 DE REYES

Conforme avanzas en el libro de 2 Reyes, recuerda que es una continuación de 1 Reyes. Por ahora la verdad mencionada en Daniel 2:21 se hace evidente: Solamente Dios es el que pone y quita reyes de sus tronos. Pero, lamentablemente los deseos de Dios de tener reyes fieles, obedientes, hombres conforme a Su corazón pocas veces se cumplieron. La mayoría de los reyes de Israel y Judá sirvieron a otros dioses, siguieron su propio corazón y como resultado murieron en sus pecados. A pesar de que fueron infieles, Dios nunca cambió, sino que permaneció y permanece hasta el día de hoy como un Dios amoroso y compasivo, correcto y justo, siempre fiel a Su Palabra y a Su carácter.

Nuestra oración por ti es que aprendas lo más que puedas acerca de Dios y Sus caminos y que puedas aplicar lo aprendido a tu vida de una manera práctica.

CUANDO DIOS HABLA SERÁ "DE ACUERDO A LA PALABRA DEL SEÑOR"

PRIMER DÍA

Recuerda, estudiante de la Palabra de Dios, que la revelación de la verdad espiritual viene de Dios. Empieza cada día de estudio con una actitud de dependencia en la oración a medida que observes cuidadosamente la Palabra de Dios.*

Conforme estudies el libro de 2 Reyes, agrega las siguientes frases clave en tu separador que usaste en 1 Reyes: *conforme a la palabra del Señor*[1]. Lee 2 Reyes 1 y marca las palabras clave (incluye los sinónimos y pronombres). No olvides marcar las frases de tiempo y los lugares geográficos a través de 2 Reyes. Agrega tus nuevas observaciones a tus listas de palabras clave.

Observa el nombre del dios que el Rey Ocozías invocó en los primeros versículos de este capítulo. Observa el cuadro de la pagina 59 y mira que puedes aprender acerca de este dios. Ya que encontrarás varios dioses paganos en 2 Reyes sería bueno que observes este cuadro detenidamente. Este cuadro te da un breve resumen de los dioses y lo que representaban para las personas que los adoraban.

---

*   Si eres nuevo en este estudio, por favor lee "Cómo Empezar" al inicio de este libro. La información allí te ayudará a entender las cortas instrucciones dentro del estudio.

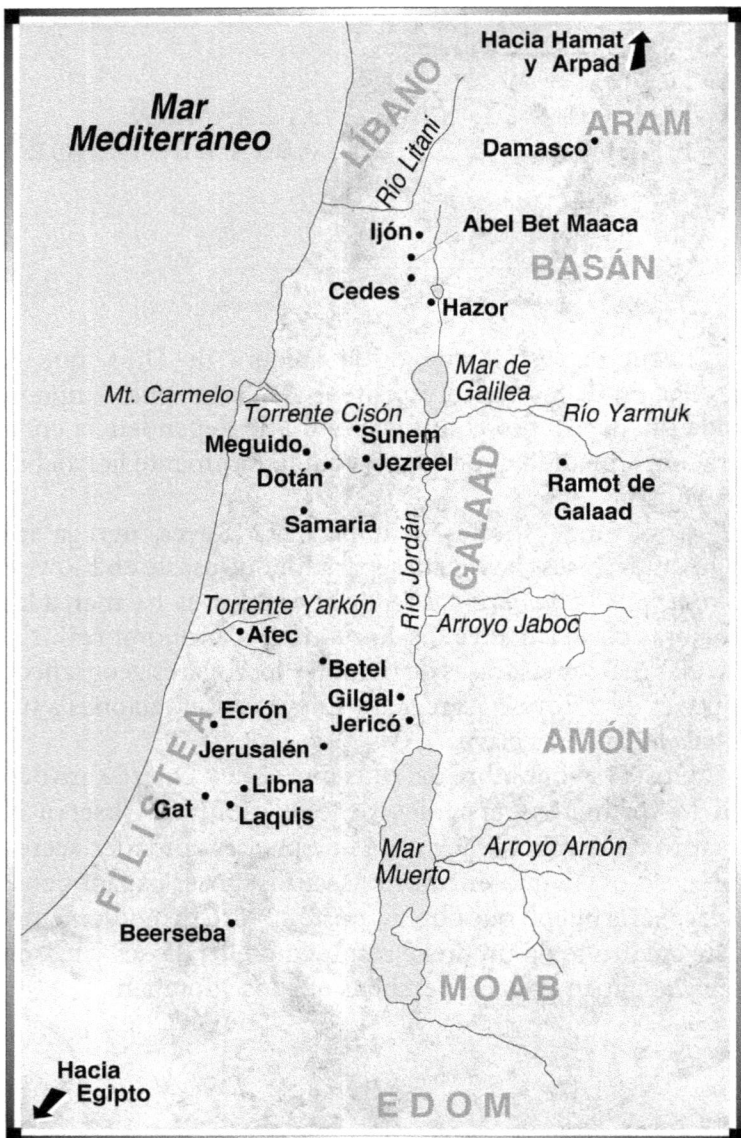

Las Ciudades y Geografía de 2 Reyes

Algunos de los Dioses Paganos Adorados por los Israelitas		
El dios:	Gobernó sobre/descripción:	Referencia:
Adramelec	Guerra, amor	2 Reyes 17:31
Anamelec	Exigía el sacrificio de niños	2 Reyes 17:31
Asera	Esposa de Baal	2 Reyes 13:6
Asima	Dios de los Heteos	2 Reyes 17:30
Astoret (Astarté, Istar)	Sexo, fertilidad, reina del cielo	2 Reyes 23:13
Baal	Lluvia, viento, nubes, fertilidad de la tierra	2 Reyes 3:2
Baal Zebub	Dios de Ecrón	2 Reyes 1:2
Quemos	Proveedor de terrenos	2 Reyes 23:13
Moloc (Milcom)	Dios nacional de los Moabitas, cuya adoración incluía sacrificio humano	2 Reyes 23:10
Nebo	Sabiduría, literatura, artes	1 Crónicas 5:8
Nergal	El otro mundo, la muerte	2 Reyes 17:30
Nibhaz	Adorado por los Aveos (pueblo trasladado a Samaria desde Asiria)	2 Reyes 17:31
Nisroc	Dios adorado en Nínive	2 Reyes 19:37
Rimón	Truenos, relámpagos, lluvia	2 Reyes 5:18
Sucot Benot	Señora de Marduk, diosa de la guerra	2 Reyes 17:30
Tartac	Fertilidad (adorada por los Aveos)	2 Reyes 17:31

De manera específica, marca la profecía referente a Ocozías y el cumplimiento de la misma.

Cuando hayas terminado 2 Reyes 1, anota lo que has aprendido acerca del Rey Ocozías en el cuadro LOS REYES DE ISRAEL Y JUDÁ. También lo que has aprendido acerca de Joram[2], rey de Israel. No olvides marcar con colores si es un rey bueno o malo y a qué reino pertenece.

Agrega tus nuevas observaciones acerca de Elías, el profeta de Dios, a tus notas que tienes acerca de él. Consulta el mapa sobre el ministerio de Elías en la página 60, el cual te enseña dónde ocurrieron los eventos principales de su ministerio.

Identifica y anota el tema de 2 Reyes 1 en el cuadro del PANORAMA GENERAL DE 2 REYES en la página 116.

SEGUNDO DÍA

La lectura de hoy es muy interesante. Conforme leas el capítulo 2, aprenderás más acerca de Eliseo, a quien encontraste primero en 1 Reyes 19:16. Estudia este capítulo cuidadosamente, observando no sólo la serie de eventos, sino que también la relación entre Elías y Eliseo.

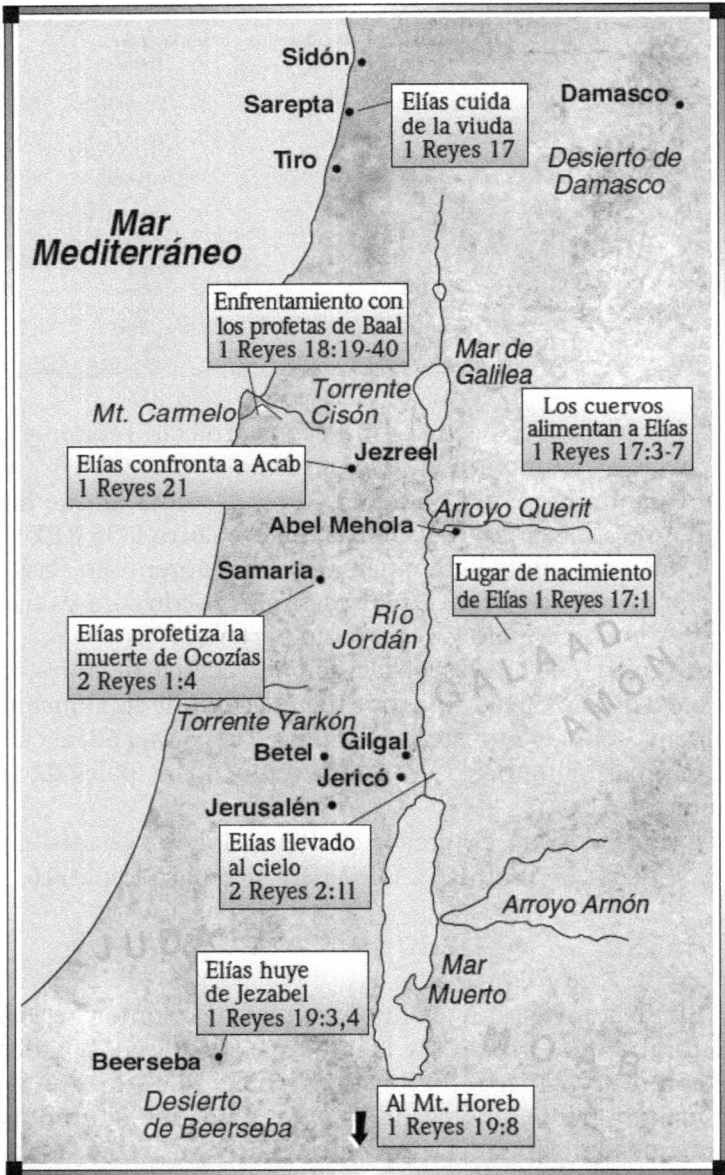

Sidón

Sarepta — Elías cuida de la viuda 1 Reyes 17

Tiro

Damasco

Desierto de Damasco

Mar Mediterráneo

Enfrentamiento con los profetas de Baal 1 Reyes 18:19-40

Torrente Cisón

Mar de Galilea

Mt. Carmelo

Los cuervos alimentan a Elías 1 Reyes 17:3-7

Elías confronta a Acab 1 Reyes 21

Jezreel

Abel Mehola

Arroyo Querit

Samaria

Lugar de nacimiento de Elías 1 Reyes 17:1

Elías profetiza la muerte de Ocozías 2 Reyes 1:4

Río Jordán

GALAAD

AMÓN

Torrente Yarkón

Betel • **Gilgal**

Jericó •

Jerusalén •

Elías llevado al cielo 2 Reyes 2:11

Arroyo Arnón

Elías huye de Jezabel 1 Reyes 19:3,4

Mar Muerto

JUDÁ

MOAB

Beerseba •

Desierto de Beerseba

Al Mt. Horeb 1 Reyes 19:8

Ministerio de Elías

Marca las palabras clave y agrega tus observaciones a tus listas. También puedes empezar una lista acerca de Eliseo.

Conforme lo hagas asegúrate de incluir lo que has aprendido en 1 Reyes 19:15-21.

ഗ∩ଘ

TERCER DÍA

Lee 2 Reyes 3 y marca las palabras clave. A pesar de que 1 Reyes 22 menciona la muerte de Josafat, este capítulo menciona otros eventos en su vida.

Observa el mandamiento que da Eliseo al rey de Israel en 2 Reyes 3:19. Observa si los israelitas obedecen estas instrucciones. Agrega al cuadro de los reyes tus observaciones referentes a Joram. A la vez, marca a *Joram* de acuerdo a tu código de color indicando si era bueno o malo y a qué reino pertenecía.

Después de discernir el tema del capítulo 3, anótalo en el cuadro apropiado y agrega las palabras clave a tu lista.

ഗ∩ଘ

CUARTO DÍA

Lee 2 Reyes 4 y marca las palabras y frase clave *conforme a la Palabra del Señor*[3]. Continúa también tu lista acerca de Eliseo y mantenla actualizada.

Lee 2 Reyes 2:7-14 de nuevo y observa el pedido que le hizo Eliseo a Elías antes de que éste fuera llevado. ¿Hay evidencia de que Dios honró el pedido de Eliseo? Anótalo en tu lista de Eliseo.

ഗ∩ଘ

QUINTO DÍA

Lee 2 Reyes 5:1-14, marca cada palabra clave y agrega los milagros que Dios realizó a través de Eliseo a la información que estás escribiendo acerca de él.

Observa lo que Naamán tuvo que aprender para poderse sanar. Cuando Eliseo dio instrucciones a Naamán, ¿era eso lo que él quería oír? A pesar de que a Naamán no le gusto el proceso, el resultado fue exactamente lo que él pidió.

Así como Naamán, ¿alguna vez has orado por algo y lo has recibido, aunque no fue de la manera que imaginaste que Dios trabajaría? ¿Cómo te sentiste? ¿Te puedes comparar con Naamán?

Sexto Día

Tu tarea para hoy es leer 2 Reyes 5:15-27 y marcar las palabras clave. Si tienes tiempo extra, será de mucha ayuda leer nuevamente la primera mitad del capítulo, para tener todo dentro del contexto. Agrega nuevas observaciones a las listas que estás haciendo sobre palabras clave.

Observa cómo Giezi trata de engañar a Naamán y Eliseo para su propio beneficio. ¿Cuáles son las consecuencias de su pecado? Ahora, llevando tu lectura a un nivel más alto, considera que de la misma manera como Giezi no pudo engañar a Eliseo, tú no puedes engañar a Dios. A la luz de este hecho ¿cómo debes de vivir?

Escribe el tema del capítulo 5 en tu cuadro del PANORAMA GENERAL DE 2 REYES.

Séptimo Día

Para guardar en tu corazón: Isaías 45:22; Proverbios 18:10.

Para leer y discutir: Deuteronomio 8:11-20; 1 Reyes 22:51-33 y 2 Reyes 1:1-8

PREGUNTAS OPCIONALES PARA LA DISCUSIÓN O ESTUDIO
INDIVIDUAL

∞ ¿Cuáles fueron las condiciones que Dios planteó en Deuteronomio concernientes a servir a otros dioses?

∞ ¿Por qué la adoración de los ídolos es un asunto tan crítico para Dios?

∞ ¿De dónde vino el poder de Ocozías?

∞ Lee 1 Reyes 22:51-53 y repasa la descripción de Ocozías. ¿Era él un adorador del Señor?

∞ De acuerdo con 2 Reyes 1:1,2 ¿con quién busco sabiduría Ocozías concerniente a su enfermedad?

∞ ¿Cuál fue el resultado de su búsqueda?

∞ ¿A quién vas por sabiduría cuando tienes una pregunta sobre tu futuro?

a. ¿Lees tu horóscopo? ¿Buscas información o consejo de un médium, adivinador de fortunas o de un psíquico telefónico, aunque sea solo por curiosidad o por diversión?

b. ¿A qué o quién debes buscas si deseas agradar a Dios? ¿Has pensado en el hecho que servimos a un Dios viviente quien se preocupa por nuestras necesidades y circunstancias diarias? Su deseo es que lo busquemos cuando tenemos preguntas; por lo tanto, debemos preguntarnos si buscamos a Dios primero antes de buscar a alguien más cuando tenemos problemas en nuestra vida. ¿A quién corres en momentos de dificultad? ¿En la palabra de quién confías?

Pensamiento Para la Semana

En los días de Eliseo, Dios utilizó profetas para que proclamaran sus planes al pueblo para que conocieran la Palabra del Señor. Los reyes también eran sujetos al mismo orden; cuando un rey buscaba la sabiduría de Dios usualmente lo hacía a través de un profeta.

Sin embargo, en nuestros días y por la justificación a través de la sangre de Jesús y por la resurrección de Jesucristo de entre los muertos, ya no es necesario comunicarse con Dios a través de un profeta. El velo que colgaba en el templo, separando al hombre de Dios fue partido en dos en el momento en que murió Jesús, quien se encuentra sentado a la diestra del Padre, siempre allí para interceder por nosotros. Y porque el velo, representado por el cuerpo del Hijo de Dios, ha sido rasgado en dos, ahora, tenemos acceso directo y abierto al Padre a través del Hijo. Tomar ventaja de este acceso significa vivir en constante comunión e intimidad con el Soberano Rey, no sólo del universo, sino también de nuestro mundo.

Tú tienes a Jesús y la Palabra de Dios completa. Dios desea comunicar Su corazón directo a ti, para que le conozcas y camines con Él. Por esta razón, tu tienes algo mejor que los profetas, tienes toda la sabiduría de Dios anotada y preservada para ti en la Biblia.

Todo esto nos lleva a la pregunta. ¿Estás escuchando a Dios? O al igual que Ocozías ¿estás buscando el consejo de otros dioses que no son el verdadero Dios viviente? ¿Estás escuchando a profetas que te dan falsas visiones, sueños y profecías o estás haciendo como Eliseo quien amonestó a Ocozías? ¿Estás cuestionando la "Palabra de Dios"? Recuerda, siempre será "conforme a la Palabra del Señor".

Hoy en día muchas personas corren rápidamente hacia nuevos sueños, profecías, o revelaciones y son negligentes en dar la necesaria importancia requerida para aprender de la Palabra de Dios (la Biblia) por ellos mismos. Como consecuencia, muchos en el cuerpo de Cristo van de un lado a otro arrastrados por todo viento de doctrina y artimañas de hombres. Son guiados lejos de la verdad, porque no llegan a Cristo a la manera de Él. En estos últimos días, Dios nos ha hablado a través de Su Hijo, prestemos atención a lo que nos tiene que decir.

Tú sabes dónde está Él, estás aprendiendo quién es Él; ahora, ordena tu vida y obedece cada palabra que viene de la boca de Dios.

¿YA DESTRUISTE LOS LUGARES ALTOS DE TU PASADO?

En este punto, es evidente que la mayoría de los reyes de Israel y Judá eran malos. Esperamos que hayas observado las repetidas declaraciones, "los reyes hacían lo malo ante los ojos del Señor y no eran cuidadosos de caminar en sus caminos." Los reyes eran malos porque iban a los lugares altos en lugar de Dios.

Conforme hagas el estudio de esta semana pide a Dios que te enseñe cualquier "lugar alto" que hayas levantado en tu vida; lugares, cosas o personas que estén ocupando el lugar de Dios en tu vida.

PRIMER DÍA

Esta semana, si observas cuidadosamente todo lo que Dios hace, mirarás la grandeza de Su soberanía y conforme lo veas, tu respeto hacia Él alcanzará una mayor profundidad de apreciación y confianza.

Lee 2 Reyes 6 y marca las palabras clave, a la vez, con un color específico marca las profecías mencionadas por Eliseo así como sus cumplimientos.

Anota tus observaciones acerca de Eliseo en tus listas, no olvidando los milagros hechos a través de él; también agrega tus observaciones a las listas de palabras clave.

Continuamente, en 1 y 2 Reyes se nos está recordando que Dios es soberano. Solamente Él liberó a Su pueblo del rey Aram, no Eliseo o Israel. Él es el que envió el ejercito de ángeles y atacó al ejercito Arameo con ceguera. ¿Has pensado la carga y el peso que puede ser quitado de tus hombros una vez conozcas y entiendas que Dios está en control total de todas las circunstancias de nuestras vidas? Nada puede suceder sin Su conocimiento o permiso; ¿Hará esto alguna diferencia en cómo dirigimos los eventos de nuestra vida?

Identifica y anota el tema del capítulo 6 en tu PANORAMA GENERAL DE 2 REYES.

SEGUNDO DÍA

Lee y marca 2 Reyes 7, continúa recopilando datos acerca de Eliseo y los milagros que Dios realizo a través de él.

En el primer versículo, Eliseo da una palabra del Señor refiriéndose a Samaria. Asegúrate de marcar la profecía y su cumplimiento en el color que has asignado para esto. ¡Cuando Dios dice algo, Su palabra se cumple!

Después de discernir el tema del capítulo anótalo en tu PANORAMA GENERAL.

TERCER DÍA

Lee 2 Reyes 8, marca las palabras clave, frases de tiempo y los lugares geográficos.

En el mapa de la siguiente página identifica los lugares que has marcado en el texto.

Agrega a tus listas acerca de Eliseo y luego anota en tu cuadro LOS REYES DE ISRAEL Y JUDÁ, lo que has aprendido sobre los siguientes reyes: Joram, (hijo de Acab) Jeroboam (hijo de Josafat) y Ocozías (Este Ocozías es

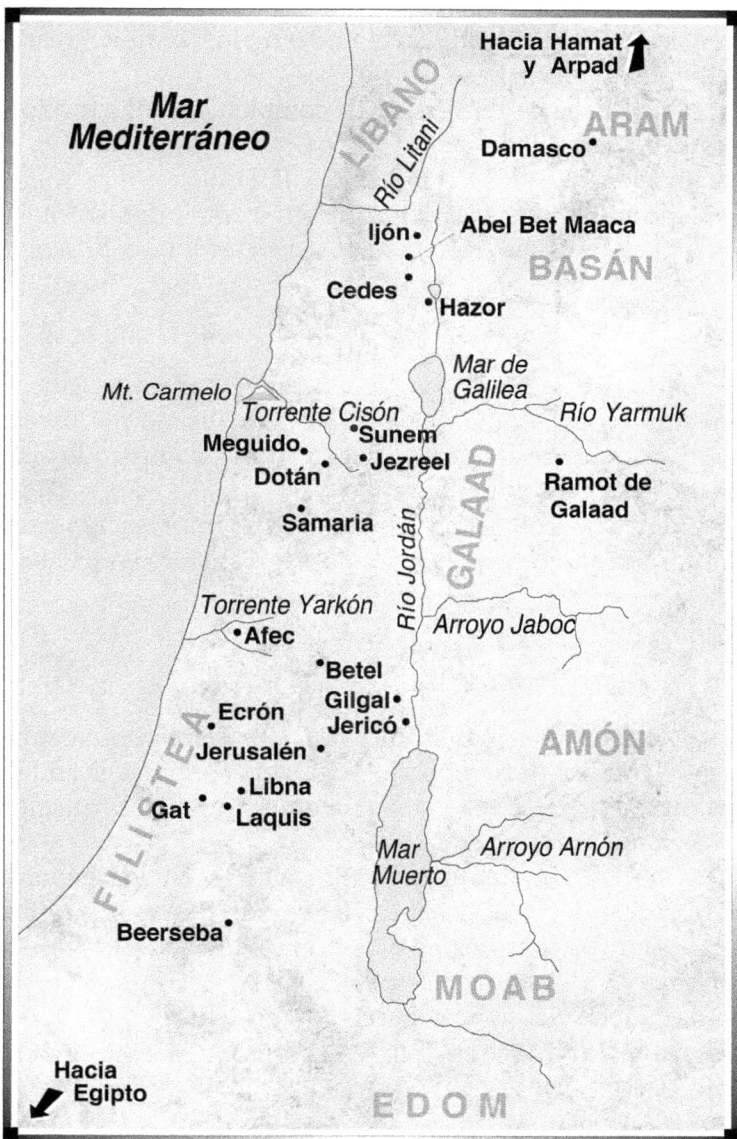

Mar
Mediterráneo

LÍBANO

Río Litani

Hacia Hamat
y Arpad

ARAM

Damasco•

Ijón•

Abel Bet Maaca

BASÁN

Cedes

•Hazor

Mt. Carmelo

Mar de
Galilea

Torrente Cisón

Río Yarmuk

Meguido•

•Sunem

Dotán•

•Jezreel

GALAAD

Samaria•

Ramot de
Galaad

Río Jordán

Torrente Yarkón

Arroyo Jaboc

•Afec

•Betel

Ecrón•

Gilgal•

Jericó•

Jerusalén•

AMÓN

•Libna

Gat•

•Laquis

FILISTEA

Mar
Muerto

Arroyo Arnón

Beerseba•

MOAB

Hacia
Egipto

EDOM

diferente del primero, así que observa cuidadosamente). Si la forma de vida de cada rey está descrita, coloréala como lo has estado haciendo, sea bueno o malo y también marca qué reino gobernaba.

Cuando hayas terminado de completar tu información, revisa lo recopilado acerca de los reyes hasta ahora en el cuadro LOS REYES DE ISRAEL Y JUDÁ.

También, repasa la información que tienes en tu cuaderno de notas referente a los profetas Elías y Eliseo.

CUARTO DÍA

Hoy, lee 2 Crónicas 21 y sigue marcando con el mismo procedimiento que has estado usando. Observa cuidadosamente qué hace Dios. Piensa cómo todo esto demuestra Su soberanía.

Marca y coloca en el cuadro la información más importante acerca de los reyes y agrega a tu lista las palabras clave.

QUINTO DÍA

Lee 2 Reyes 9 y 2 Crónicas 22:1-9. Marca las palabras clave, las frases de tiempo y los lugares geográficos en ambos pasajes. Agrega a tus listas cualquier nueva información que encuentres acerca de Eliseo.

Anota cualquier nueva información en los cuadros referente a Ocozías y Jehú. Marca sus reinos y codifica con colores sus estilos de vida como lo has hecho con los otros reyes. De manera especial, marca las instrucciones dadas a Jehú referente a su reinado en 2 Reyes 9:1-10. Lee 1 Reyes 21:17-24 para refrescar las profecías acerca de Acab y Jezabel.

Marca el cumplimiento de la profecía referente a ella; luego, lee 2 Crónicas 22:7-9, que es el pasaje paralelo de esta profecía 2 Reyes 9:29 menciona que Ocozías se hizo rey en el décimo primer año de Joram, mientras 2 Reyes 8:25 menciona que se hizo rey en el décimo segundo año de Joram. A pesar de que estos relatos puedan parecer contradictorios, no lo son, sino que muestran dos sistemas diferentes de marcar las fechas. Ocozías se convirtió en rey en el año 841 a.C. el cual, de acuerdo al sistema del año de no-ascensión era el décimo primer año de Joram. Si embargo, de acuerdo al sistema de fecha del año de ascensión era el décimo primer año de Joram (este sistema afirma que el primer año de reinado oficial no comenzaba sino hasta un año después que el rey había subido al trono). 2 Reyes 8:25 usa el sistema de años de la no-ascensión, mientras que en 2 Reyes 9:29 el sistema de años de la ascensión es usado. Entonces, de acuerdo al sistema de la ascensión era el décimo primer año de Joram, pero de acuerdo al sistema de la no-ascensión era el décimo segundo año.*

Identifica el tema de 2 Reyes 9 y anótalo en el PANORAMA GENERAL DE 2 REYES.

SEXTO DÍA

Tu tarea para hoy es leer y marcar 2 Reyes 10. Busca 1 Reyes 21:17-24 y lee sobre la profecía referente a la casa de Acab. Nota el cumplimiento esta profecía en 2 Reyes 10.

A pesar de que Jehú era obediente a Dios en muchos aspectos, no lo era en todo. Para poder resaltar la vida de Jehú marca de manera diferente 2 Reyes 10:31. ¿Puedes observar que no es suficiente el ser obediente en algunos aspectos de nuestras vidas? Debemos caminar fieles en todas las áreas de nuestra vida, sirviendo a Dios con todo nuestro corazón, cuerpo, alma y mente.

---

* Gleason I. Archer, Enciclopedia de Dificultades Bíblicas (Grand Rapids, MI: Zondervan Publishing House, 1982), p. 206.

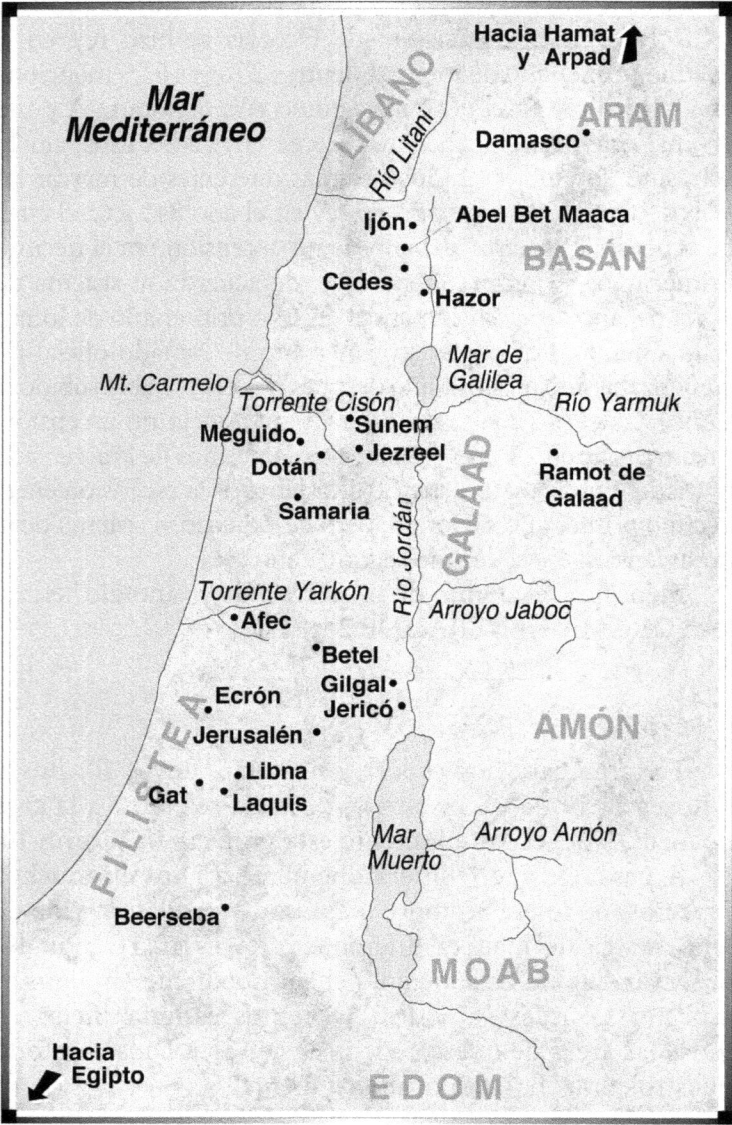

Mar
Mediterráneo

LÍBANO

Río Litani

Hacia Hamat
y Arpad

ARAM

Damasco

Ijón

Abel Bet Maaca

BASÁN

Cedes

Hazor

Mt. Carmelo

Mar de
Galilea

Torrente Cisón

Río Yarmuk

Meguido

Sunem

Dotán

Jezreel

Ramot de
Galaad

GALAAD

Samaria

Río Jordán

Torrente Yarkón

Arroyo Jaboc

Afec

Betel

Ecrón

Gilgal

Jericó

AMÓN

Jerusalén

Libna

Gat

Laquis

Mar
Muerto

Arroyo Arnón

Beerseba

MOAB

Hacia
Egipto

E D O M

FILISTEA

Marca cuidadosamente las fronteras de Israel en 2 Reyes 10:32,33 en el mapa las FRONTERAS DE ISRAEL en la página 72. ¿Por qué crees que Dios les quitó parte de su territorio?

Séptimo Día

Para guardar en tu corazón: Isaías 14:27
Para leer y discutir: 2 Reyes 6:24-33; 7:1-20.

Preguntas Opcionales Para La Discusión O Estudio Individual

- ¿Cuál es la situación de Samaria de acuerdo con 2 Reyes 6?
- ¿A quién culpa el rey por esto?
- ¿Qué amenaza hizo el rey de Israel en contra de Eliseo? ¿Qué has aprendido sobre estas amenazas? ¿Debemos temerles? ¿Cómo debemos responder? ¿Cómo influye tu conocimiento de Dios en tu respuesta a las amenazas?
- ¿Qué profecía le dio Dios a Eliseo referente a Samaria?
- ¿Cumplió Dios esta profecía?
- ¿A quién le reveló Dios primero Su solución?
- ¿Por qué crees que el oficial de la corte murió?
- ¿Qué has aprendido acerca de Dios en esta semana? Discute todo lo que viste sobre lo que Dios tiene control. ¿Qué significa este conocimiento para ti?

Pensamiento Para la Semana

En todas las situaciones, a través del periodo de los reyes, Dios comprobó continuamente que Él era Dios permitiendo que Sus promesas se cumplieran. Pero a pesar de esto, el pueblo continuó caminando en sus propios caminos. Olvidaron la simple verdad, que es nuestra responsabilidad confiar en nuestro Soberano Dios y vivir a la luz de Sus promesas.

Conforme leas estas crónicas históricas preservadas para tu aprendizaje y amonestación, pregúntate ¿si estás viviendo como los hijos de Israel, ¿estás caminando plenamente en Sus caminos? Nota que decimos plenamente en los caminos de Dios. ¿Vives creyendo que lo que Dios dice es la verdad y sucederá?

Desde el jardín del Edén, Dios ha demostrado ser fiel a través de las generaciones, sin embargo, las personas de hoy continúan demostrando su falta de fe en Él y en Su palabra por la manera en que viven. Seamos cuidadosos para no llegar a ser como los israelitas, quienes fueron infieles a pesar de la fidelidad de Dios. Confiemos en nuestro Dios, nuestro Señor soberano y esperemos pacientemente en Él, pues Él hará que su palabra se cumpla. Todo lo que está escrito seguramente sucederá porque es la Palabra de Dios ¡El Inmutable!

¿Estás Siguiendo los Pasos de Tus Antecesores o los De Tu Rey?

Probablemente habrás notado que el éxito de Israel estaba estrechamente ligado a su condición espiritual. Cuando los israelitas eran obedientes prosperaban, cuando caminaban en sus propios caminos eran derrotados.

Conforme estudies esta semana, pide a Dios que te enseñe cualquier área dónde pudieras ser tentado a caminar independiente de Él, para que no experimentes derrota, sino la prosperidad espiritual de la obediencia.

Primer Día

Lee 2 Reyes 11. Marca las palabras clave, frases de tiempo y los lugares geográficos.

Observarás que este capítulo cubre un período de varios años en los cuales no hubo rey en Judá. Será de gran importancia entender y anotar cuidadosamente todas las referencias de tiempo.

Inicia una lista en tu cuaderno de notas sobre cualquier información acerca de Atalía (madre de Ocozías) Joíada el ministro y el rey Joás.

Observa que en 2 Reyes 11:4 otro pacto es hecho entre dos partes, el cual se acuerda bajo juramento. Luego, si estás recopilando todo lo que estás aprendiendo al marcar las palabras clave, anota los pactos hechos en 2 Reyes 11:17-20. Asegúrate de notar lo que el pueblo hizo después de la muerte de Atalía. También agrega a tus listas de palabras clave.

Segundo Día

Tu tarea para hoy es leer 2 Crónicas 22:10-23:21, el cual es paralelo con 2 Reyes 11. Busca y anota cualquier nueva información no cubierta en Reyes.

Marca y anota en el cuadro la información más importante acerca de los reyes, si no lo has hecho aún. Anota los pactos hechos en estos capítulos, así como lo hiciste ayer.

Identifica los temas de 2 Crónicas 22 y 23 y anótalos en el cuadro apropiado.

Tercer Día

Lee 2 Reyes 12 y marca las palabras clave. Presta atención a las frases de tiempo ya que este capítulo cubre un período importante.

Haz tus listas acerca de Joás rey de Judá. Marca con color las descripciones de los estilos de vida de los reyes y llena los cuadros apropiados en la página 121 a 124 con la información referente a cada rey. A pesar de que Joás está descrito como un rey que hizo lo correcto a los ojos del Señor, observa los errores que cometió.

Identifica y anota el tema del capítulo en el PANORAMA GENERAL DE 2 REYES.

Cuarto Día

Lee 2 Crónicas 24, al proceder, marca las palabras clave y las frases de tiempo. Varios de los eventos en este capítulo los encontramos paralelos con los de 2 Reyes 12, así que busca nueva información dada en 2 Crónicas.

Observa la edad de Joás cuando se convirtió en rey, márcalo con un color y coloca la información acerca de él en el cuadro correspondiente. Nota lo que Joás hizo bajo la influencia de Joiada. Es interesante observar cómo Joás se mantuvo firme cuando tenía la influencia de Dios a través de Joiada, pero, ¿qué sucedió cuando Joiada murió? Nota lo que Joás hizo a su hijo Zacarías (vv.20-22).

QUINTO DÍA

Lee 2 Reyes 13 cuidadosamente. Luego, marca las palabras clave, frases de tiempo y los lugares geográficos. Conforme marques con colores a los reyes, sé especialmente cuidadoso de observar cual rey esta describiendo el texto. (En 2 Reyes 13 aunque ambos, el rey de Judá y el rey de Israel tienen el mismo nombre, se escriben diferente).

Agrega a tus listas cualquier nueva observación acerca de Eliseo. Después que hayas identificado el tema del capítulo, anótalo en el cuadro apropiado, también agrega la nueva información que tengas en el cuadro LOS REYES DE ISRAEL Y JUDÁ.

SEXTO DÍA

Lee 2 Reyes 13 de nuevo; esta vez anota lo aprendido sobre la compasión del Señor para Su pueblo aun cuando estaban en desobediencia. Observa los versículos finales de este capítulo. También nota la fidelidad del Señor a Su palabra, luego refléjala hacia ti. ¿Acaso no es reconfortante saber que Dios permanece fiel a Su pacto con nosotros?

༒ඣ

Séptimo Día

Para guardar en tu corazón: Proverbios 3:5,6
Para leer y discutir: 2 Crónicas 24.

Preguntas Opcionales Para La Discusión O Estudio Individual

∽ ¿Cuántos años tenía Joás cuando se convirtió en rey?

∽ ¿Cómo vivió a la vista del Señor?¿Por cuánto tiempo? ¿Hizo lo correcto a los ojos del Señor?

∽ ¿Qué evento significativo sucedió bajo el reinado de Joás? ¿De quién fue la idea de restaurar la casa del Señor? ¿Logró culminar su trabajo?

∽ ¿Qué sucedió cuando Joiada, el sacerdote, murió?

∽ ¿Qué le hicieron a Zacarías, el hijo de Joiada? ¿Por qué?

∽ ¿Qué le hizo Dios a Judá como resultado?

∽ ¿Qué has aprendido acerca de Dios en esta semana que puedas aplicar a tu vida?

Pensamiento Para la Semana

Era evidente en la vida de Joás, rey de Judá, que su compromiso con Dios y su fiel forma de vida se debía a la influencia del sacerdote Joiada. Mientras él estaba cerca, Joás hacía lo que agradaba a Dios, pero cuando Joiada murió el rey buscó el consejo del hombre.

Consejeros espirituales, hombres o mujeres de Dios a los cuales respetamos, buscamos e imitamos; ancianos o amigos a quienes rendimos cuentas, son parte del diseño de Dios. Sin embargo, la ayuda espiritual de otros, nunca debe ser un sustituto de nuestra relación personal con el Dios viviente.

Continúa en tu estudio de la Palabra y determina si vas a vivir de acuerdo a Sus estatutos y preceptos. Entonces tu confianza en Dios será tan fuerte que siempre le temerás y le obedecerás simplemente porque sabes quién y qué es Él.

SI DIOS ES DIOS, ¿POR QUÉ LE SERVIMOS A MEDIAS?

Muchas veces le rendimos a Dios adoración de labios solamente, pero nuestros corazones están lejos de Él. Parte de esto, podría ser que nunca hemos destruido los lugares altos, los monumentos que servimos, para así lograr sobrevivir en este mundo. Conforme estudiemos la vida de los reyes y las personas comunes, podremos leer y aprender de las lecciones que Dios ha provisto para nosotros.

PRIMER DÍA

Lee despacio 2 Reyes 14 y marca las palabras clave y frases de tiempo. Coloca en los cuadros la información sobre los siguientes reyes: Joás, rey de Israel; Amasías, rey de Judá y Jeroboam, rey de Israel. Observa en tus notas que este Jeroboam fue el segundo rey de Israel que tenía este nombre. Escribe la información acerca de cada rey y las tierras que gobernaban usando tu código de colores.

Amasías está descrito por haber hecho lo correcto ante los ojos del Señor en algunas cosas pero no en todo. Hasta ahora, ¿qué reyes has visto que estaban dispuestos a destruir los lugares altos? Romper las cadenas de la idolatría toma esfuerzo. Recuerda que Dios desea obediencia total y no parcial, debemos ser obedientes en *todos* Sus mandamientos.

SEGUNDO DÍA

Hoy, lee los relatos de 2 Crónicas 25 para obtener información adicional de 2 Reyes 14. Busca y codifica con colores la información adicional acerca de los reyes y luego agrégala al cuadro correspondiente.

Identifica y anota el tema de 2 Reyes 14 y el de 2 Crónicas 25 en los cuadros apropiados.

TERCER DÍA

Tu tarea para hoy es leer 2 Reyes 15, marcando las palabras clave. ¡Estamos seguros que este paso ya se ha vuelto un hábito! Recuerda anotar la información en los cuadros y de codificar con colores la información concerniente a los reyes conforme los vayas encontrando en el texto. Conforme anotes la información en los cuadros acerca de cada rey, trata de desarrollar la secuencia histórica de los eventos durante sus reinados.

Azarías fue un rey correcto, él hizo lo correcto a los ojos del Señor, pero hubo un cambio en su corazón; lee Proverbios 16:5. ¿Puedes identificarte con Dios con solo dar algo de tu vida, pero no todo? Recuerda: Él no sólo te quiere a ti, sino que como Dios Él se lo merece. ¡Qué pronto nos olvidamos de esto sino somos cuidadosos!

CUARTO DÍA

Lee 2 Crónicas 26, continúa marcando las palabras clave, frases de tiempo y los lugares geográficos. El principio de este capítulo habla acerca de Uzías, esto te ayudará a saber que Azarías en 2 Reyes y Uzías en 2 Crónicas son la misma persona. Obtendrás más detalles para que anotes en tus listas sobre Azarías (Uzías) en este capítulo.

(Escribir notas ayuda a retener más y si también lees en voz alta tu grado de retención aumentará).

En este pasaje podemos ver el cambio de Azarías, ¿cuál fue el cambio y qué resultado tuvo? Observa específicamente lo que Azarías hizo cuando fue herido por Dios. ¿Puedes observar que tan seriamente Dios toma el pecado y las consecuencias de la desobediencia? ¿Crees que la personalidad de Dios ha cambiado desde los tiempos de los reyes? ¿Será que Dios cambia?

¿Puedes encontrar alguna "LPV" en este capítulo, que desees guardar en tu corazón?

QUINTO DÍA

Lee 2 Crónicas 27. Anota en el cuadro y codifica con colores la información concerniente a Jotam y marca las palabras clave y frases de tiempo en tu estudio. Nota en el versículo 6 por qué Jotam se convierte en un poderoso rey. ¿No es interesante ver cómo los reyes que eran constantemente bendecidos eran los que seguían a Dios?

SEXTO DÍA

Tu tarea de hoy es leer 2 Reyes 16 y 2 Crónicas 28. Recuerda marcar las palabras clave, frases de tiempo y los lugares geográficos. Anota tu información sobre el estilo de vida de Acaz, rey de Judá, codificándolo con un color diferente.

Ahora que has podido estudiar acerca de Acaz, ¿no es triste que Dios nuevamente tiene un rey malvado reinando sobre Su pueblo? En el estudio de hoy observarás que varios de los eventos de 2 Crónicas 28 se encuentran paralelos con 2 Reyes 16, sin embargo, busca más información sobre Acaz en Crónicas y anótala. Identifica y anota el tema del capítulo en tu PANORAMA GENERAL.

Séptimo Día

Para guardar en tu corazón: Salmo 119:105,106 ó 2 Crónicas 26:16, (como un recordatorio que debemos estar consientes cuando nos volvemos más fuertes).

Para leer y discutir: 2 Reyes 14:1-29; 2 Crónicas 25.

Preguntas Opcionales Para La Discusión O Estudio Individual

∾ ¿Qué has aprendido acerca de Amasías en los versículos iniciales de 2 Reyes 14 y 2 Crónicas 25?

∾ ¿Qué significa lo que dice 2 Crónicas 25:2: "El hizo lo recto ante los ojos del SEÑOR, aunque no de todo corazón". ¿Qué hizo Amasías correctamente en este capítulo? ¿Por qué?

∾ ¿Menciona 2 Reyes 14 algo acerca de donde Amasías se comprometió, dónde no seguía a Dios con todo su corazón?

∾ ¿Qué sucedió con Amasías después de derrotar a Edom? ¿Qué hizo Amasías para provocar la ira de Dios? ¿Cómo lo describe Joás en 2 Reyes 14:10 y 2 Crónicas 25:19? ¿Cuáles fueron las consecuencias de su desobediencia?

∾ ¿Buscó Amasías nuevamente a Dios?

∾ ¿Estás haciendo lo correcto ante los ojos del Señor? Discute qué significa seguir a Dios de "todo corazón" (Proverbios 3:5,6) ¿Qué mantiene hoy a hombres y mujeres lejos de seguir a Dios con todo su corazón? ¿Cuáles son algunos de los problemas que estás enfrentando? ¿Cómo tratas estos problemas... qué te impide resolverlos?

Pensamiento Para la Semana

En 2 Reyes 14:3 encontramos un versículo familiar referente a Amasías, el cual dice: "Hizo lo recto ante los ojos del SEÑOR, pero no como su padre David; hizo conforme a todo lo que su padre Joás había hecho".

Conforme leas Reyes y Crónicas te darás cuenta que la conducta de David era el estándar que Dios había puesto para Sus reyes. Amasías siguió a Dios, pero no en todo. Los lugares altos no fueron destruidos, lo que significaba que el pueblo aun hacía sacrificios y quemaba incienso allí. Amasías quedo corto comparado con el estándar puesto por el rey David, siervo de Dios, por que él no seguía a Dios de "todo corazón."

Así como Amasías, los cristianos de hoy fallan en vivir de acuerdo a los estándares de santidad mostrados por el Hijo de Dios en Su Palabra; el deseo de Dios es que Su pueblo se convierta enteramente a Él, totalmente comprometidos a Su voluntad en toda circunstancia no importando el resultado personal o físico, pero aun muchas personas lo siguen a medias. El deseo de Dios es que Sus siervos sean personas que sigan Su corazón como Su siervo David.   David fue un hombre que no permitió que sus victorias y fracasos determinaran su forma de vida, sino que creyó a Dios, tomó Su palabra y la vivió así como el apóstol Pablo quien luchó por lo que estaba adelante, dejando atrás todas las cosas (Filipenses 3:13).

Piensa en la fortaleza y victoria que las multitudes experimentarían si solamente creyeran a Dios y se comportaran como David, sirviéndole de todo corazón ¡Piensa en lo que esto puede significar para ti!

¿Qué es Necesario Para que Entendamos las Consecuencias de Nuestros Pecados?

ᘯᘯᘯᘯ

Al empezar esta semana, recuerda lo sucedido en tu estudio hasta este punto. Has podido observar un claro panorama acerca de la fidelidad de Dios contrastada con la dureza del corazón del hombre. Tal vez ya te preguntaste, ¿cuánto tiempo permitirá Dios que Su pueblo camine su propio camino?

Esta semana encontrarás la respuesta a esta pregunta.

ᘯᘯᘯ

Primer Día

Lee 2 Reyes 17 y marca las palabras clave y las frases de tiempo. También marca la palabra *costumbres*[4] en este capítulo y luego haz una lista sobre esta palabra.

En 2 Reyes 17, la tierra de Israel es invadida por Salmanasar, rey de Asiria. Escribe qué aprendes acerca de este rey en tu cuaderno de notas y por qué oprimió a Israel y lo que hizo a las ciudades de Samaria. ¿Por qué Dios permitió esto? ¿Pudo ser evitado? Observa el mapa EL CAUTIVERIO DE ISRAEL, en la página 88 y el cuadro LA DIVISIÓN Y EL CAUTIVERIO DE ISRAEL, en la pagina 37. Para ver las etapas del cautiverio de Judá. Nota cuándo ocurrió el cautiverio Asirio en comparación con el cautiverio Babilónico el cual ocurrió en tres etapas.

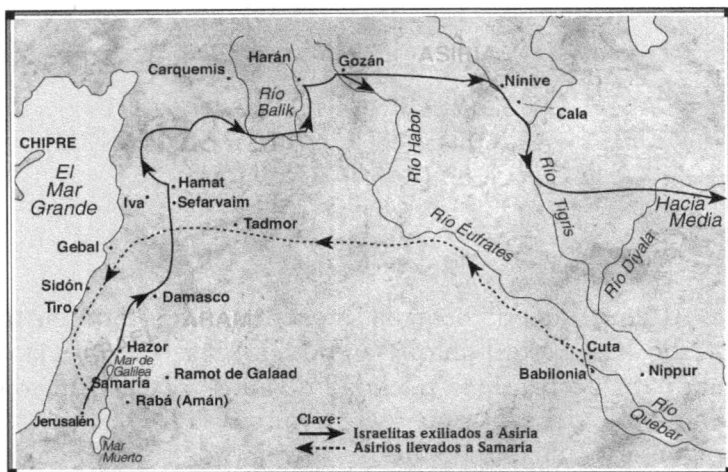

El Cautiverio Asirio de Israel

En este capítulo podemos ver también que, a pesar de que el pueblo temía a Dios, todavía adoraban dioses en lugares altos. Las personas rompían el pacto que habían hecho con Dios de adorarle y servirle a Él solamente (Deuteronomio 4:23). Piensa en las generaciones que se vieron afectadas por su desobediencia.

Toma notas de cualquier nueva información que encuentres al marcar las palabras clave. También agrega Oseas a tu lista de reyes, utiliza tu codificación de colores para diferenciar su estilo de vida, su reino y si era bueno o malo. Anota cualquier información que sea importante en tu cuadro.

Identifica el tema de 2 Reyes 17 en tu cuadro del PANORAMA GENERAL DE 2 REYES.

SEGUNDO DÍA

Lee 2 Reyes 18:1-12.   Marca las palabras clave y las referencias de tiempo. Traslada a los cuadros cualquier información que sea importante acerca del rey Ezequías a tu cuadro y codifícalo con algún color. Te será de mucha ayuda recopilar una lista de hechos acerca de Ezequías para poder ver realmente qué clase de rey deseaba Dios desde el principio.

¿Qué diferencia puedes observar en Ezequías comparado con otros reyes que eran considerados rectos? ¿Por qué le fue permitido al rey de Asiria tomar a Israel cautivo (2 Reyes 18:11,12)?   ¿Dónde se encontraba la fe de Ezequías rey de Judá? ¿Era esto usual en los reyes anteriores?

TERCER DÍA

Tu tarea para hoy es leer 2 Crónicas 29. Muchos de los eventos de este capítulo son paralelos con aquellos en 2 Reyes 18:1-12. Continúa tu lista acerca de Ezequías y busca las diferencias entre él y otros reyes justos. Nota en el versículo tres, lo rápido que Ezequías inicia la labor del Señor.

Agrega tus nuevas observaciones que has encontrado al marcar las palabras clave en tus listas. No olvides anotar el tema del capítulo.

CUARTO DÍA

Lee 2 Crónicas 30 recordando marcar las palabras clave y frases de tiempo conforme vayas estudiando. Continúa recopilando información en tus listas acerca de Ezequías. ¿Hasta cuándo honró Ezequías a Dios? Observa por qué

Ezequías quería que las personas observaran la Pascua. ¿Cuál sería el resultado si regresaban al Señor? Fíjate que tan efectivas fueron las oraciones de las personas y por qué.

Agrega cualquier información adicional a tus palabras clave en tu cuaderno de notas.

QUINTO DÍA

Lee 2 Crónicas 31 y marca las palabras clave. El primer versículo del capítulo 31 es emocionante. Marca de forma significativa lo sucedido en este versículo. Agrega a tus listas sobre Ezequías, anotando lo que fue alcanzado como resultado de su reinado. Anota lo que sucede en el versículo 10 como resultado de la obediencia de Ezequías y del pueblo.

Agrega cualquier información pertinente a tu cuaderno de notas.

SEXTO DÍA

Lee 2 Crónicas 31 de nuevo hoy. Léelo con la siguiente pregunta en mente: ¿Por qué Ezequías prosperó en todo lo que hizo? ¿Crees que haría alguna diferencia hoy si Israel o Estados unidos tuviera un líder como Ezequías? ¡Es evidente que mucho de lo que prospera o desvanece depende del liderazgo! ¡Qué excelente cosa para recordar! Esto tal vez cambiará nuestro sentido de responsabilidad al ejercer el privilegio de elegir a nuestros líderes.

Anota el tema del capítulo en PANORAMA GENERAL.

SÉPTIMO DÍA

Para guardar en tu corazón: 2 Reyes 18:6,7

Para leer y discutir: 2 Reyes 17:1-18; 18:1-8; 1 Reyes 2:1-4; Éxodos 20:3-6.

Preguntas Opcionales Para La Discusión O Estudio Individual

෨ ¿Qué sucedió en 2 Reyes 17:1-18? ¿Por cuánto tiempo fue Israel tomado? ¿Adónde fue tomado el pueblo de Israel?

෨ ¿Se les dio a los Israelitas más de una oportunidad para volverse de sus malos caminos? ¿Cómo les advirtió Dios? (Observa 2 Reyes 17:13, 14).

෨ ¿Era la idolatría el único problema de los Israelitas? Haz una lista de sus pecados (17:15-18).

෨ ¿Qué castigo recibieron los hijos de Israel?

෨ ¿Crees que Dios habla en serio en sus mandamientos con respecto a la idolatría? (Lee Éxodo 20:3-6).

෨ ¿Quién fue el primer rey, después de David, en destruir los lugares altos?

෨ ¿Cuántos reyes gobernaron en 2 Reyes 18:1-8?

෨ Compara y discute 2 Reyes 18:1-8 con 1 Reyes 2:1-4.

෨ ¿Estaba Ezequías cumpliendo el mandato que David le dio a Salomón?

෨ ¿Qué puedes aprender acerca de Dios al comparar estos pasajes?

෨ ¿Estás tú como Ezequías, obedeciendo a Dios en todo lo que Él pide? Discútelo.

Pensamiento Para la Semana

Israel se encuentra en cautiverio, Judá está en guerra. Bajo el liderazgo de diferentes reyes, Israel y Judá, ambos están fuera de la voluntad de Dios. El pueblo de Dios continuamente servía a otros dioses en los lugares altos; desobedecieron a Dios en guerra y en libertad y peleaban entre ellos.

Todo esto sucedía cuando Dios claramente les prometió el éxito si eran fuertes y valientes y si hacían de acuerdo a todo lo que Él mandara, no desviándose a derecha ni a izquierda.

Es tan fácil sentarse y analizar la historia de Israel y las consecuencias de sus respuestas a los claros mandatos de Dios. Dios no solo les dio bendiciones por su obediencia sino que también las claras consecuencias de la desobediencia. Conforme observamos el resultado de todo, nos preguntamos ¿por qué los hijos de Israel fueron tan tontos de pensar que podían ignorar los mandamientos de Dios? ¿Y qué hay de nosotros? ¿No tenemos la tendencia de vivir como ellos? No prestamos importancia a los mandamientos de Dios, pensamos que podemos pecar y no veremos las consecuencias, imaginamos que como escogidos de Dios, podemos escapar de ser juzgados por Dios. ¿Será que creemos que estamos exentos de ser castigados? ¿Olvidamos que el juicio empieza en la casa del Señor?

Romanos 15:4 y 1 Corintios 10 nos dicen que lo que fue escrito antes de nuestros tiempos, ha sido para nuestro ejemplo, amonestación, aliento y perseverancia.

Consideremos las consecuencias de nuestros actos antes de hacerlos. Prestemos cuidadosa atención a lo que hemos aprendido para que sea parte integral de nuestras vidas. Recordemos que como cristianos tenemos una mayor responsabilidad con Dios, porque Su espíritu vive en nosotros, el mismo Espíritu quien nos promete la victoria sobre la carne si nos dejamos guiar por Él.

Tiempos de Guerra

La Biblia nos dice que no hay reposo en tiempos de guerra (Eclesiastés 8:8). ¿Te das cuenta que cada vez que sales de tu hogar estas entrando al campo de batalla? El diablo, el príncipe de este mundo, no ha sido sacado aun, por esto el mundo tienen tribulaciones.

Cuándo sientas tu pie en los dominios del diablo, ¿vas armado y eres peligroso? ¿Eres una amenaza a Su reino por tus conocimientos de la Palabra? ¿O eres como muchos, débil e indefenso? Nuestra oración por ti es que esta semana te armes prestando tu total atención a la palabra del Señor y no enredándote en los asuntos de esta vida. Esto te permitirá colocarte la armadura de Dios y podrás pararte como todo un conquistador.

Primer Día

Tu tarea de hoy es leer 2 Reyes 18:13-37. Conforme estudies, marca las palabras clave y anota en el cuadro correspondiente, la información acerca de Ezequías.

Cuando observes el texto, busca las respuestas a las siguientes preguntas: ¿Respetaban los Asirios al Dios de Ezequías? ¿En quién quería Senaquerib que confiaran? ¿Con quién compara Senaquerib a Dios?

Escribe tus nuevas observaciones en tu cuaderno de notas e identifica y anota el tema de 2 Reyes 18 en tu PANORAMA GENERAL DE 2 REYES de la página 116.

SEGUNDO DÍA

Lee 2 Crónicas 32:1-23 y marca palabras clave, frases de tiempo y lugares geográficos. Estos versículos son paralelos con 2 Reyes 18.

Continúa anotando tus observaciones acerca de Ezequías. ¿Cuál es su estado espiritual cuando Senaquerib invade Judá? Observa si confía en Dios y no hace nada o si confía en Dios preparándose para la guerra. ¿Cuál es la estrategia de Senaquerib? Observa cómo los Asirios hablaban de Dios en 2 Crónicas 32:19.

TERCER DÍA

Lee 2 Reyes 19, marca las palabras clave y las frases de tiempo y agrega a tus listas cualquier nueva información que encuentres. Observa quien pelea y gana la batalla entre Judá y Asiría. ¿Habría alguna duda de quién tenía el control? Medita en la oración de Ezequías poniendo mucha atención a los puntos principales y el motivo de su petición. ¿Cuál fue el resultado que obtuvo? ¿Cuál es el motivo de tus oraciones? Piensa en lo que puedes aprender de las oraciones de Ezequías.

CUARTO DÍA

Lee 2 Reyes 20 y continua con tus listas de Ezequías. Observa los eventos finales de la vida de Ezequías anotados en este capítulo.

Marca la profecía referente a Judá y busca su cumplimiento conforme vayas progresando en tu estudio de esta semana.

Identifica el tema del capítulo y anótalo en tu PANORAMA GENERAL DE 2 REYES.

Quinto Día

Lee el recuento paralelo de Ezequías en 2 Crónicas 32:24-33, marcando el texto y tus listas. Observa por qué la ira de Dios no vino a Jerusalén en los días de Ezequías.

Escribe la información acerca de Ezequías en el cuadro apropiado.

Después de discernir el tema del capítulo, anótalo en el cuadro apropiado asegurándote que los temas estén al día.

Sexto Día

Lee Isaías 36-39 hoy, te servirá como un buen repaso de la vida de Ezequías. Si obtienes alguna información que sea de importancia sobre este rey, anótala en tu lista. Por cierto, ¿te das cuenta de lo valiosas que son estas listas acerca de los reyes de Israel y Judá? ¡Piensa en todo lo que has visto!

Toma tiempo para reflexionar en todo lo que has aprendido acerca de Ezequías. Piensa en las diferencias entre Ezequías y los otros reyes que eran "buenos". Es probable que quieras leer otra vez 2 Reyes 18-20 y 2 Crónicas 29-33. Observa lo rápido que Ezequías toma el control. ¿Esperó a establecerse primero antes de iniciar algún cambio? ¿Cedió en situaciones difíciles? ¿A quién busco en tiempos difíciles? Piensa en los principios y preceptos que has aprendido sobre la vida de Ezequías que puedas aplicar a tu propia vida.

Séptimo Día

Para guardar en tu corazón: 2 Crónicas 32:7,8
Lee y discute: 2 Crónicas 32:1-23; Isaías 36-39.

PREGUNTAS OPCIONALES PARA LA DISCUSIÓN O ESTUDIO INDIVIDUAL

ୡ ¿Si alguien te preguntara que sabes acerca del rey Ezequías que responderías?

ୡ Discute los siguientes temas referentes a Ezequías:
1. El reino que él Gobernaba.
2. ¿Qué hizo cuando tomó el trono?
3. ¿Cómo fue su reinado?
4. ¿Qué fue lo más significativo acerca de su vida?
5. ¿Quiénes eran sus enemigos?
6. ¿Cómo era su relación con Dios?

ୡ ¿Qué aprendiste acerca de Ezequías en los versículos anteriores a 2 Crónicas 32?

ୡ ¿Cuál fue la primera respuesta de Ezequías a Senaquerib? ¿Acaso escondió su cabeza en la tierra o tomó responsabilidad y se preparó para pelar la guerra? ¿Qué podemos aprender sobre la guerra en este ejemplo?

ୡ ¿Por qué pudo Ezequías decir: "Sean fuertes y valientes; no teman ni se acobarden a causa del rey de Asiria"? (2 Crónicas 32:7).

ୡ ¿En quien confió Ezequías?

ୡ ¿Cuáles fueron las tácticas de Senaquerib? ¿Qué dijo acerca de Dios? Discute lo que dijo Senaquerib en 2 Crónicas 32:14,15.

ୡ ¿Qué fue lo que Dios hizo?

ୡ ¿Qué problema tenia Ezequías en su corazón? ¿Qué sucedió como resultado de esto? ¿Qué nos advierte esto? ¿Cómo se asemeja esto con el versículo que aprendiste en la Novena semana (2 Crónicas 26:16)?

ᔕ Si tienes tiempo extra, discute la información adicional que has obtenido acerca de Ezequías al leer Isaías 36-39.

ᔕ ¿Cuál es la información más significativa, que has aprendido esta semana, que puedas aplicar a tu propia vida? ¿Cómo pretendes hacerlo?

PENSAMIENTO PARA LA SEMANA

Aunque tus enemigos no lo quieran creer, Dios es Dios y no hay nada que ellos puedan hacer para evitar que suceda lo que Dios quiere que pase. Uno de los errores más grandes que el hombre puede cometer, es comparar y tratar al Dios de Abraham, Isaac y Jacob como si fuera uno de los tantos llamados dioses.

Senaquerib no tenía respeto por el Dios de Israel porque había experimentado que los dioses de otros pueblos no podían parar a su ejército. Sin embargo, cuando se encontró con el único Dios viviente no pudo defenderse y fue derrotado.

A pesar de las amenazas de Senaquerib, Ezequías sabía a dónde ir; fue Dios el que peleó la batalla, ya que era Su pelea.

¿Crees verdaderamente que el Dios al que sirves es verdadero y como ningún otro? ¿Te das cuenta que Él es el Todo Poderoso y nadie lo puede vencer, ni cambiar lo que Él desea Hacer? ¿Reconoces que cuando Dios se involucra en una batalla, es seguro que Él ganará?

La fortaleza de Ezequías fue confiar en Dios. Que tu confianza y fortaleza estén en Dios. Recuerda que Él reina, nadie puede evitar que alcance su propósito. Sin embargo, tú como Ezequías debes poner de tu parte, debes estar armado y preparado para la batalla. Así que mantén tu espada afilada, valiente guerrero, teniendo fe en Su Palabra.

Mantén tu corazón humillado y en actitud de oración, pues Dios resiste al orgulloso, más se acerca al humilde... ¡y tú necesitas a Dios de tu lado!

¿ESTÁS CAMINANDO EN TODOS SUS CAMINOS?

Estás caminado con Dios, estas estudiando la Palabra del Señor, pero, ¿ estás caminando en todos Sus caminos?

Israel ha sido tomado cautivo por los Asirios; Judá ha continuando en la lucha y ha prosperando bajo el liderazgo de sus reyes. A pesar de que Ezequías caminó en los pasos del Señor y Judá prosperó, él sabía que algún día debía pasar el cetro de su reino a su hijo. ¿Cómo será este hijo? Y ¿qué podemos aprender sobre la vida de su hijo que nos ayude a caminar diligentemente en los caminos de Dios?

PRIMER DÍA

Lee 2 Reyes 21:1-18. Como siempre marca las palabras clave conforme vayas estudiando. Anota la información referente a Manasés, el hijo de Ezequías, en el cuadro LOS REYES DE ISRAEL Y JUDÁ. Asegúrate de anotar si era bueno o malo y codifica con color las referencias en tu Biblia.

Observa lo que Dios hará como resultado del pecado de Manasés y del pueblo de Judá. Durante la semana pasada viste que Dios es fiel a Su pacto, lo que significa que el pueblo de Judá y Manasés debían pagar por su pecado.

SEGUNDO DÍA

Lee 2 Crónicas 33:1-20 y marca las palabras clave. Lee los versículos de 2 Reyes 21:1-18 y continua tus listas sobre Manasés. Anota cualquier nueva información que obtengas sobre él.

Cuando hayas terminado, revisa todo lo que has aprendido acerca de Manasés en Reyes y Crónicas. ¿Ves lo importante que es comparar Escritura con Escritura? Si no lo haces, no notarás el arrepentimiento de Manasés. Por esto, es tan importante que estudies la Biblia de esta manera. A través de la Nueva Serie de Estudio Inductivo obtendrás un excelente panorama de todo el consejo de Dios.

Este panorama, también te ayudará a no dejarte llevar por los vientos de doctrina y las maniobras de hombres quienes tuercen las Escrituras. Estos son días críticos, por eso es vital que conozcamos la Palabra del Señor, es nuestro instrumento para medir todo lo que escuchamos y leemos.

Anota en tu cuaderno las nuevas observaciones sobre las palabras clave.

TERCER DÍA

Lee 2 Reyes 21:19-26 y 2 Crónicas 33:21-25. Marca las palabras clave y anota todo lo que aprendas acerca de Amón. Traslada la información en el cuadro apropiado de LOS REYES DE ISRAEL Y JUDÁ.

Cuando hayas terminado piensa en estos tres reyes: Ezequías, Manasés y Amón, compara sus vidas. Ellos eran padres e hijos. ¿No es interesante que a pesar de que Ezequías fue uno de reyes más fieles a Dios en la historia de Judá, su hijo fue uno de los más malvados?

¿Qué observaciones obtienes de esto? ¿Acaso es el padre siempre responsable por las acciones de los hijos? ¿O el hijo es el único responsable? Anota los temas de los capítulos.

CUARTO DÍA

Lee 2 Reyes 22 y marca las palabras clave y las referencias de tiempo. En los capítulos 22-23 la frase *la casa del Señor*[5] es bastante significativa, marca esta frase, en lugar de solo la palabra *casa*, como lo has hecho anteriormente. También marca de manera que resalte cada referencia *al libro*, junto con sus pronombres. Haz una lista de lo que aprendas al marcar las referencias *al libro*.

Lee Deuteronomio 17:14-20, prestando especial atención a los versículos 18-20. Observa lo que el rey tenía que hacer cuando tomaba el poder, especialmente con relación al "libro de la Ley", el libro que Josías encontró.

Empieza una lista acerca del Rey Josías y codifica con color la descripción de su estilo de vida. Nota cuidadosamente qué dice la profetisa acerca de Josías y por qué el Señor va a hacer lo que hace.

Hay tanto en 2 Reyes 22-23 que se puede aplicar a la iglesia hoy en día, por qué muchas personas han perdido la Palabra de Dios en la casa de Dios. Piensa en esto.

Identifica el tema del capítulo y anótalo en tu PANORAMA GENERAL DE 2 REYES. Anota también la información acerca de Josías en el cuadro LOS REYES DE ISRAEL Y JUDÁ.

QUINTO DÍA

Tu tarea para hoy es leer 2 Crónicas 34:1-28. Como siempre, marca las palabras clave incluyendo aquellas que marcaste ayer y busca si hay referencias de tiempo. Observa el cuadro histórico DE LOS REYES Y PROFETAS

DE ISRAEL Y JUDÁ en la parte posterior del libro. Nota en dónde encaja Josías entre la cronología de Judá. ¿Qué tan cerca está del cautiverio babilónico? ¿Qué fue lo que Josías leyó en el libro de la ley que le causó tanta consternación? Una de las cosas podría ser las maldiciones mencionadas en Deuteronomio 28:15-68, especialmente en los versículos 36-68. Si lees estos versículos, tendrás un mejor entendimiento de las palabras de Hulda a Josías.

También si tienes tiempo extra para estudiar, será de mucho beneficio dar un vistazo a los otros personajes mencionados en este capítulo y en 2 Reyes 22: Hilcías el sacerdote, Safán el escriba y Hulda la profetisa, mira lo que puedes aprender de ellos. Escribe tus observaciones en tu cuaderno de notas.

SEXTO DÍA

Lee 2 Reyes 23:1-30 y 2 Crónicas 34:29-35:27. Marca las palabras clave incluyendo lo que se te indicó marcaras en 2 Reyes 22. Presta cuidadosa atención a la palabra *pacto* conforme marques estos párrafos.

Marca las referencias a la Pascua y haz una lista de lo que observes sobre este tema.

Recuerda continuar tu lista acerca de Josías y codificar con color su estilo de vida. Compara las frases de tiempo que has marcado en 2 Reyes 22:3 y 2 Reyes 23:23.

Conforme leas estos capítulos, nota todo lo que estaba sucediendo con respecto a la casa del Señor. Si tienes la *Biblia de Estudio Inductivo*, observa la fotografía del templo de Salomón; podrás apreciar mejor lo que estás leyendo, ya que ésta es la casa del Señor la cual se encontraba en gran desorden por todo el paganismo en el cual habían caído los israelitas.

Identifica y anota el tema de los capítulos de 2 Crónicas 34-35 en el PANORAMA GENERAL DE 2 CRÓNICAS.

SÉPTIMO DÍA

Para guardar en tu corazón: 2 Reyes 22:19 ó 23:3.
Para leer y discutir: 2 Reyes 22:8-20; 23:1-27; 25;
Deuteronomio 17:18-20; 28:64-68.

PREGUNTAS OPCIONALES PARA LA DISCUSIÓN O ESTUDIO
INDIVIDUAL

ҩ Describe la situación de Judá y Jerusalén durante los
días de Josías.

ҩ ¿Qué fue lo que hizo que la situación cambiara en el
reino del Sur?

  a. ¿Qué fue lo que Josías leyó en el libro de la ley que
  le causó tanta angustia?

  b. ¿Por qué debía el rey tener su propia copia del libro
  de la ley? mira Deuteronomio 17:18-20.

  c. Discute el orden de los eventos y lo que el rey y el
  pueblo hicieron

ҩ ¿Cuál fue el mensaje de Dios a Josías a través de la
profetisa Hulda?

ҩ ¿Qué fue lo que detuvo la mano de Dios en el juicio
sobre Judá?

ҩ ¿Cuáles fueron algunos de los cambios que Josías hizo
en Judá? ¿Qué te dice esto sobre la situación espiritual
del pueblo? ¿Cómo se compara todo esto con la
situación de algunas iglesias de hoy?

ҩ ¿Cómo describirías el caminar de Josías? Si tienes más
tiempo, discute la acción que fue tomada en el capítulo
23 de parte del rey y el pueblo.

ᘒ ¿Qué "LPV" encontraste sobre Josías que se pueda aplicar a la iglesia de hoy?

ᘒ De lo que has estudiado, ¿qué tan importante es la Palabra de Dios para la salud del pueblo de Dios y la sociedad en la que vivimos?

PENSAMIENTO PARA LA SEMANA

La palabra del Señor se ha perdido en la misma casa del Señor. No existe una mejor ilustración o un paralelo más claro de lo que ha sucedido en la sociedad de la iglesia hoy. Las consecuencias de adorar a Dios aparte de la Palabra de Dios fueron desagradablemente evidentes en la decadencia de la adoración y los adoradores descritos en 2 Reyes 23. Esta es la misma decadencia vista en el estado de la iglesia en la mayor parte del mundo de hoy. Hemos redefinido el significado de pecado y nos encontramos tolerando cosas a las que Dios llama abominables. Nosotros hemos llamado, como dicen las escrituras, a lo bueno malo y a lo malo bueno. Somos un pueblo al cual la conciencia le ha sido marcada por el hierro de la iniquidad.

Y ¿cuál es nuestra esperanza? ¿O todo está perdido? Nuestra esperanza— nuestra única esperanza—es encontrar la Palabra de Dios que ha sido perdida en la misma casa de Dios y regresarla al lugar donde pertenece. Lo mejor que puede hacer la iglesia es dar a la Palabra de Dios prioridad en todas sus actividades y utilizarla como instrumento de medida para todas las enseñanzas referentes a la oración, adoración y cualquier otro aspecto de la vida diaria de un cristiano.

Ya es hora que nos humillemos ante el Señor, que rasguemos nuestras vestimentas, rindamos nuestros corazones y lloremos ante Él. Ya es hora de hacer un pacto, comprometiéndonos a caminar con Él, obedecer Sus mandamientos y guardar Sus estatutos y testimonios con toda nuestra alma y corazón. Cumplamos nuestra parte del pacto caminando en obediencia al Espíritu Santo que mora en nosotros.

Es hora que permitamos que la Palabra de Dios entre abundantemente en nuestro templo humano, nuestros cuerpos, los cuales han sido comprados por un precio. Es hora de que nos desenredemos de los asuntos de la vida para así dar tiempo a la Palabra de Dios, el pan nuestro de cada día del cual viviremos.

Esto es algo que puede empezar con una sola persona, así como lo fue con Josías. Estudia la historia, fueron individuos quienes cambiaron el curso de la historia. Que seas usado para cambiar el curso de la iglesia regresándola a la Palabra y a la santidad.

¿QUÉ ES NECESARIO QUE DIOS HAGA PARA QUE LE PRESTEMOS ATENCIÓN?

ᗢᗢᗢᗢ

Dios desea nuestra atención y lo que sea necesario para llegar a nosotros... ¡Él lo hará!

ᗢᗢ

PRIMER DÍA

Hoy haremos un repaso de que tan lejos había llegado Israel desde que ungieron a David como rey. Lee 1 Reyes 2:2-4, el cual muestra el cargo de David a Salomón. Luego lee 1 Reyes 9:1-9 y 1 Reyes 11:1-13, observa lo que Israel recibiría si obedecían y las consecuencias de su desobediencia.

Conforme estudiaste Reyes y Crónicas, ¿observaste alguna conexión o similitud entre los estilos de vida de los reyes y los estilos de vida del pueblo? Escribe tus observaciones en tu cuaderno de notas.

ᗢᗢ

SEGUNDO DÍA

Lee de nuevo 2 Reyes 23. Como repaso de la semana pasada, ¿fueron las acciones de Josías lo suficientemente buenas para calmar el juicio venidero y la ira de Dios? ¿Por qué? En este capítulo ¿cuáles fueron las promesas de Dios referentes al futuro de Israel y Judá?

Anota en el cuadro de los reyes lo aprendido referente a Joacaz y Joacim.

〰〰

TERCER DÍA

Lee 2 Reyes 24, marca las palabras clave y las frases de tiempo. También observa los lugares geográficos. Consulta en el siguiente mapa el EXILIO DE JUDÁ A BABILONIA. Babilonia en tiempos modernos es Iraq.

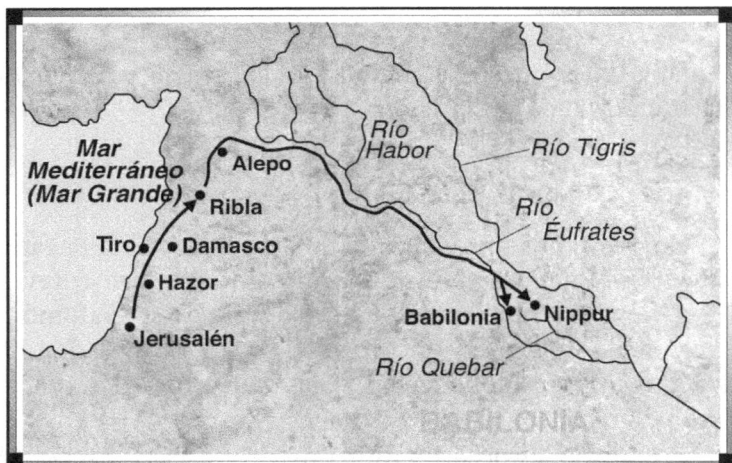

Exiliados de Judá a Babilonia

Anota la información de los siguientes reyes en el cuadro LOS REYES DE ISRAEL Y JUDÁ: Jocím, Joaquín y Sedequías. También codifica con colores sus estilos de vida en tu Biblia.

Empieza tu lista sobre Nabucodonosor, rey de Babilonia, observando lo que hace a Jerusalén y a la casa de Dios. Busca el cuadro LA DIVISIÓN Y EL CAUTIVERIO DE ISRAEL, en la pagina 37 y observa las tres invasiones de Nabucodonosor (Babilonia).

Agrega a tu lista de palabras clave e identifica y anota el tema del capítulo en el PANORAMA GENERAL DE 2 REYES.

CUARTO DÍA

Lee 2 Crónicas 36, el recuento paralelo con 2 Reyes 24. Conforme leas este capítulo marca las palabras clave, no olvidando marcar cada referencia a *la casa del Señor.*

Este capítulo te dará una buena descripción del estado del pueblo, obsérvalo cuidadosamente.

Cuando llegues a los versículos 20 y 21, realiza una referencia cruzada con Levítico 25:1-5 y 26:34,35. Luego cuando leas los versículos 22 y 23 en Crónicas haz referencias cruzadas con Jeremías 25:1-12 y 29:10,11.

Continua transcribiendo tus notas en los cuadros correspondientes acerca de Joacaz, Joaquín y Sedequías.

QUINTO DÍA

Lee 2 Reyes 25 y marca las palabras clave, incluyendo cada referencia a *la casa del Señor.* Observa todo lo que sucede a la casa del Señor y a la ciudad de Jerusalén.

Completa tu cuadro acerca de Joaquín y Sedequías. Agrega nuevas observaciones a tus listas acerca de Nabucodonosor y agrega tus palabras clave. Haz una nota especial sobre qué sucedió al pueblo de Judá y a la casa del Señor.

NOTA

Cuando marcaste las frases de tiempo, habrás notado que 2 Reyes 24:8 registra que Joacim tenía 18 años cuando empezó a reinar y que 2 Crónicas 36:9 registra que tenía 8 años cuando empezó a reinar. Ya que la diferencia de edad está registrada en el relato de 2 Reyes, el acuerdo general es que puede tratarse de un error textual del copista de Crónicas. Se cree que el relato de 2 Reyes sobre su edad es más preciso porque él es descrito "haciendo lo malo ante los ojos del Señor" y los babilonios lo trataron como adulto y no como niño.

La Palabra de Dios es inerrante en sus manuscritos originales; el hecho de tener que reconciliar estos dos relatos requiere asumir el error textual del copista, de ningún modo quita autoridad a la Palabra. Un estudio del sistema numérico hebreo usado en el tiempo de Joacim, revela cuán fácil era que el copista no pudiera identificar apropiadamente el 18 en lugar de 8.

Repasa los capítulos que has estudiado durante la semana para refrescar tu memoria sobre las profecías dadas. Luego busca cualquier recuento sobre el cumplimiento de las profecías que fueron dadas a Jerusalén, la casa del Señor y el pueblo. Colorea los cumplimientos de manera que se asemejen los colores de las profecías.

Identifica y anota el tema de 2 Reyes 25 en el PANORAMA GENERAL DE 2 REYES.

Sexto Día

Comienza tu estudio leyendo 2 Reyes 17:18. Haz una lista de las razones por las que Dios permitió que Israel fuera tomado en cautiverio. Ahora, lee 2 Reyes 24:1-7 y escribe las razones por las que Judá fue tomado en cautiverio. ¿Tomo esto por sorpresa a Judá? Lee 1 Reyes 9:1-9 y contesta la pregunta. Dios siempre cumple Sus promesas, aun esas que involucran Juicio por desobediencia.

Séptimo Día

Para guardar en tu corazón: Josué 1:18

Para leer y discutir: 2 Reyes 25; 2 Crónicas 36:11-23; Levíticos 25:1-5; 26:27,33-35.

PREGUNTAS OPCIONALES PARA LA DISCUSIÓN O ESTUDIO INDIVIDUAL

ᴠ ¿En qué año fue finalmente Jerusalén destruida por Nabucodonosor? (Esta fecha la debes memorizar ya que es muy importante. La información se encuentra en el cuadro LA DIVISIÓN Y CAUTIVERIO DE ISRAEL en la página 37).

ᖇ ¿Cuándo fue el reino del Norte de Israel tomado en cautiverio? (De nuevo consulta el cuadro de la página 37).

ᖇ Discute por qué el reino del Sur de Judá cayó en cautiverio, quién los tomo cautivos, cuánto tiempo duro y por qué. Discute Levítico 25:1-5; 26:27,33-35.

ᖇ ¿Qué has aprendido de 2 Crónicas sobre el estado del reino en tiempos de Nabucodonosor y el final de su invasión?

ᖇ ¿Qué sucedió a Jerusalén y a la casa del Señor?

ᖇ ¿Cómo terminan los recuentos en 2 Reyes y 2 Crónicas?

ᖇ Discute las diferencias en la manera que 2 Reyes y 2 Crónicas terminan. Discute a la vez 2 Crónicas comparándola con Jeremías 25:1-12; 29:10,11.

ᖇ ¿Cuáles son las mejores lecciones que has obtenido acerca de este estudio concernientes a: Dios, Israel y Judá, los reyes o un rey en particular? Escribe tus observaciones en tu cuaderno de notas.

ᖇ ¿Cuál es la lección más importante que has aprendido para tu propia vida?

ᖇ ¿Qué efecto tiene esta clase de estudio en tu propia vida?

PENSAMIENTO PARA LA SEMANA

Dios quería un pueblo que le siguiera a Él, que demostrara en la tierra la realidad de un Dios que vive en el cielo. Así que llamó a Abraham y escogió para Él un pueblo muy peculiar, un pueblo de Su propia posesión. Él rescató a este pueblo de Egipto y lo trajo a su propia tierra, abundante de leche y miel y les prometió estar con ellos, guiarlos y cuidarlos. Pero por su falta de fe, les tomo 40 años llegar a la tierra prometida, la tierra que Él dio para siempre a Abraham, Isaac y Jacob.

No tardó mucho antes que Su pueblo escogido rechazara Su mandato y pidiera un rey terrenal. Dios les otorgó su preferencia en Saúl. Sin embargo, Dios nombró a otro: David, un rey del cual Él dijo, era un hombre conforme a Su propio corazón. A la casa de David nunca le faltaría un predecesor del trono.

Pero cuando David murió, Salomón toma el trono y empezó un legado que perduraría por generaciones. En su lecho de muerte, David encargó solemnemente a Salomón "Guarda los mandatos del SEÑOR tu Dios, andando en Sus caminos, guardando Sus estatutos, Sus mandamientos, Sus ordenanzas y Sus testimonios, conforme a lo que está escrito en la ley de Moisés, para que prosperes en todo lo que hagas y dondequiera que vayas" 1 Reyes 2:2,3.

Por un tiempo Salomón hizo esto y construyó la casa del Señor.   Pero, desobedeció la palabra de Dios y tomó esposas de las naciones alrededor de él.   Sus muchas esposas desviaron su corazón de los caminos de Dios. Como consecuencia de esto Dios dividió el reino en dos y varios siguieron a Salomón en la adoración de otros dioses. La mayoría de reyes que se sentaron en el trono de estos reinos divididos se caracterizaron por hacer lo malo a los ojos de Señor y por caminar el camino de "sus padres" en lugar del camino de "El Padre".

Aún, lleno de misericordia y paciencia, Dios continuó siendo bueno con Su pueblo, dándoles oportunidad tras oportunidad para arrepentirse y regresar a Él. Pero ellos ignoraron a Sus profetas y endurecieron su cerviz, rehusándose a creer que las maldiciones mencionadas en Deuteronomio, el libro de la ley, les vendrían con seguridad.

Dios debía ser fiel a Su Persona, Él tenía que respaldar Su palabra y Su palabra no podía y no sería alterada. Cada día desde que amanecía hasta la caída del sol, Dios extendió sus brazos al desobediente y rebelde hasta que al final todo terminó. El Todo Poderoso dejó caer el martillo de los caldeos triturando a Su pueblo y destruyendo sus ciudades y Su santuario. Pagarían deuda por su propia tierra, debían pagar setenta sabáticos. Su cautiverio perduraría setenta años desde 605 a.C. hasta 586 a.C.

En Reyes y Crónicas encontramos varias lecciones para la vida, para aquellos que el final les ha llegado. Cómo oramos para que aprendamos de estas lecciones... y vivamos de acuerdo a ellas.

Como el rey Josías del Antiguo Testamento, que podamos encontrar El Libro y lo leamos "y nos volvamos al Señor con todo nuestro corazón, con toda nuestra alma y con todas nuestras fuerzas, conforme a la ley de Moisés..." Que cumplamos con Su santa ley caminando en el Espíritu y colocando nuestras mentes y deseos en las cosas de arriba y no en la tierra.

PANORAMA GENERAL DE 1 DE REYES

Tema de 1 Reyes:

		TEMAS DEL CAPÍTULO	Autor:
		1	
		2	Trasfondo Histórico:
		3	
		4	
		5	Propósito:
		6	
		7	
		8	Palabras Clave:
		9	
		10	
		11	
		12	
		13	
		14	
		15	
		16	
		17	
		18	
		19	
		20	
		21	
		22	

PANORAMA GENERAL DE 2 DE REYES
Tema de 2 Reyes:

DIVISIÓN POR SECCIONES

Autor:			TEMAS DEL CAPÍTULO
			1
			2
Trasfondo Histórico:			3
			4
			5
Propósito:			6
			7
			8
Palabras Clave			9
			10 :
			11
			12
			13
			14
			15
			16
			17
			18
			19
			20
			21
			22
			23
			24
			25

Tema de 2 Crónicas:

División por secciones

			Temas del Capítulo	Autor:
			1	
			2	
			3	Trasfondo
			4	Histórico:
			5	
			6	
			7	
			8	Propósito:
			9	
			10	
			11	
			12	Palabras
			13	
			14	Clave:
			15	
			16	
			17	
			18	
			19	
			20	
			21	
			22	
			23	
			24	
			25	
			26	
			27	
			28	
			29	
			30	
			31	
			32	
			33	
			34	
			35	
			36	

MARCO HISTÓRICO DE LOS REYES Y PROFETAS DE ISRAEL Y DE JUDÁ

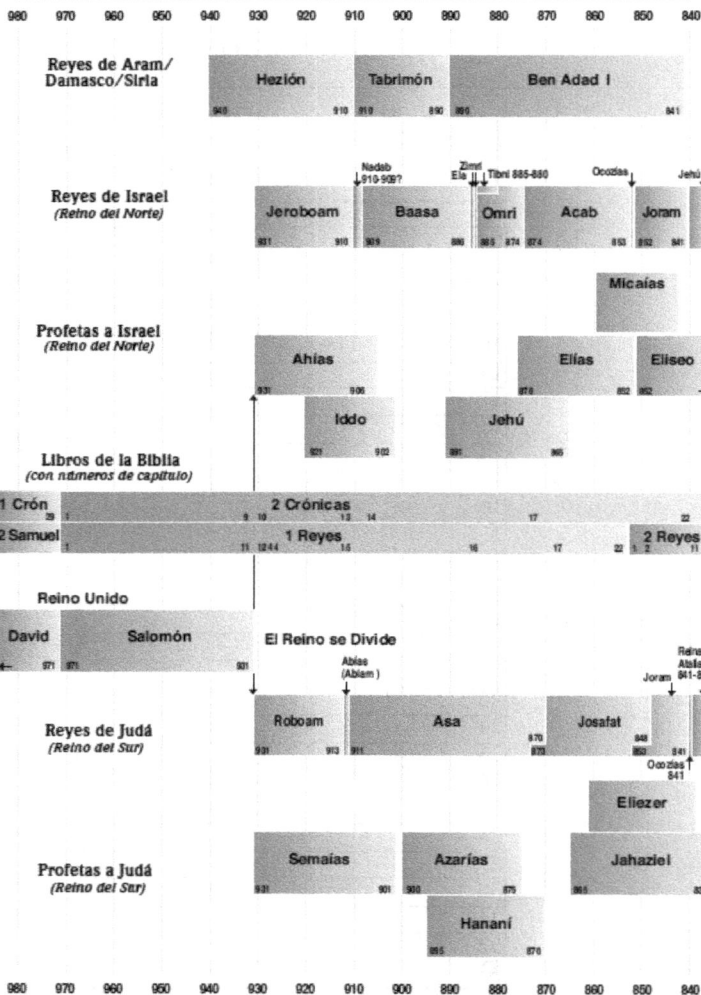

MARCO HISTÓRICO DE LOS REYES Y PROFETAS DE ISRAEL Y DE JUDÁ

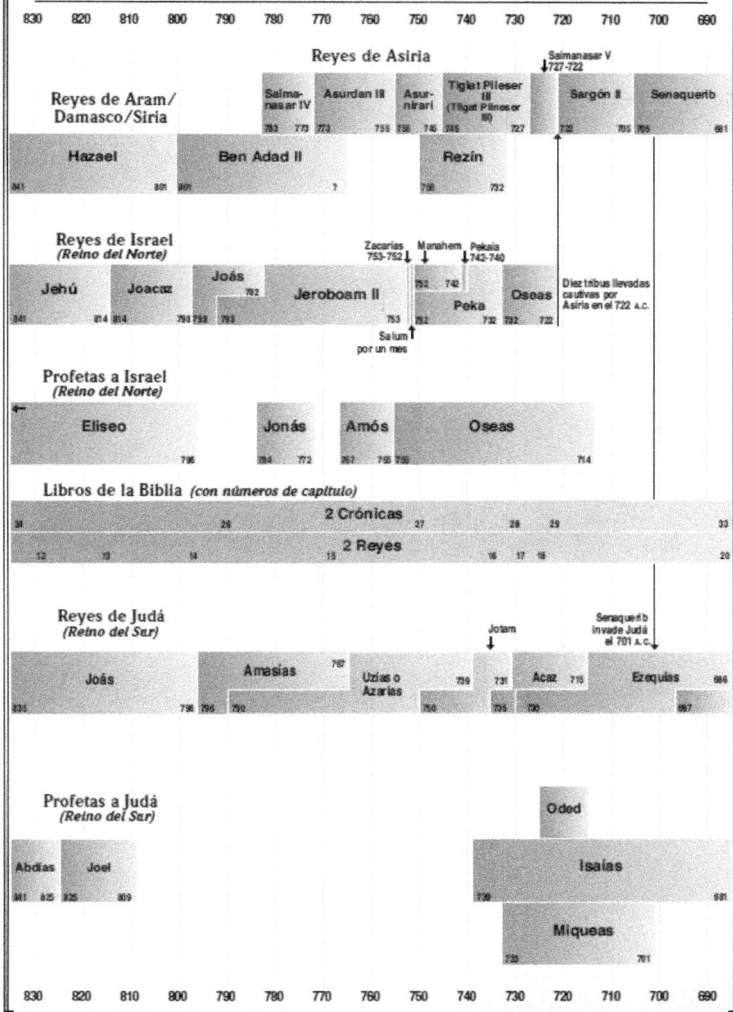

830   820   810   800   790   780   770   760   750   740   730   720   710   700   690

Reyes de Asiria

Salmanasar V
727-722

Reyes de Aram/ Damasco/Siria

| Salmanasar IV | Asurdan III | Asurnirari | Tiglat Pileser III (Tiglat Pilneser 10) | Sargón II | Senaquerib |
| 783 773 773 | 755 755 745 215 | 727 | 722 | 705 705 | 681 |

| Hazael | Ben Adad II | Rezín |
| 843 801 801 | ? | 750 732 |

Reyes de Israel *(Reino del Norte)*

Zacarías 753-752
Manahem
Pekaía 742-740

Jehú	Joacaz	Joás 782	Jeroboam II	752 742	Oseas	Diez tribus llevadas cautivas por Asiria en el 722 A.C.
841	814 814	798 798 793	753	Peka 752	732 732 722
				732	

Salum por un mes

Profetas a Israel *(Reino del Norte)*

| Eliseo | Jonás | Amós | Oseas |
| 796 | 794 772 | 767 755 750 | 714 |

Libros de la Biblia *(con números de capítulo)*

| 2 Crónicas |
| 24   26   27   28   29   33 |

| 2 Reyes |
| 12   13   14   15   16   17 18   20 |

Reyes de Judá *(Reino del Sur)*

Jotam
Senaquerib invade Judá el 701 A.C.

| Joás | Amasías 767 | Uzías o Azarías | 739 731 | Acaz 715 | Ezequías |
| 835 | 796 796 792 | 750 | 735 730 | 687 | 686 |

Profetas a Judá *(Reino del Sur)*

Oded

| Abdías | Joel | Isaías |
| 841 825 825 809 | | 739 681 |

| Miqueas |
| 735 701 |

830   820   810   800   790   780   770   760   750   740   730   720   710   700   690

MARCO HISTÓRICO DE LOS REYES Y PROFETAS DE ISRAEL Y DE JUDÁ

680 670 660 650 640 630 620 610 600 590 580 570 560 550 540 530

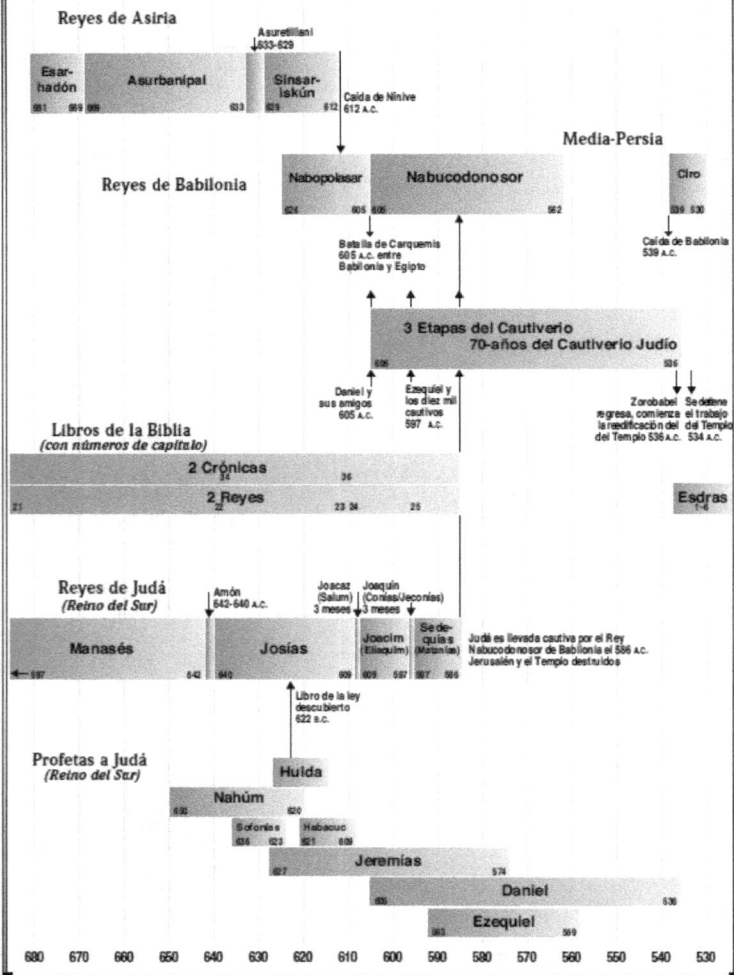

Reyes de Asiria

Asuretilani
633-629

| Esar-hadón | Asurbanipal | Sinsar-iskún |
| 681 | 669 669 | 633 629 612 |

Caída de Nínive
612 A.C.

Media-Persia

Reyes de Babilonia

| Nabopolasar | Nabucodonosor | Ciro |
| 626 | 605 605 | 562 | 539 530 |

Batalla de Carquemis
605 A.C. entre
Babilonia y Egipto

Caída de Babilonia
539 A.C.

3 Etapas del Cautiverio
70-años del Cautiverio Judío
605 — 536

Daniel y sus amigos
605 A.C.

Ezequiel y los diez mil cautivos
597 A.C.

Zorobabel regresa, comienza la reedificación del Templo 536 A.C.

Se detiene el trabajo del Templo 534 A.C.

Libros de la Biblia
(con números de capítulo)

| 2 Crónicas | 36 | | Esdras 1-6 |
| 2 Reyes | 23 24 | 25 | |

Reyes de Judá
(Reino del Sur)

Amón
642-640 A.C.

Joacaz (Salum) 3 meses

Joaquín (Conías/Jeconías) 3 meses

| Manasés | Josías | Joacim (Eliaquim) | Sede-quías (Matanías) |
| 697 | 642 640 | 609 609 597 | 597 586 |

Judá es llevada cautiva por el Rey Nabucodonosor de Babilonia el 586 A.C. Jerusalén y el Templo destruidos

Libro de la ley descubierto
622 B.C.

Profetas a Judá
(Reino del Sur)

Hulda	
Nahúm	620
650	
Sofonías 636 623	Habacuc 621 609
Jeremías	627	574
Daniel	605	536
Ezequiel	593	569

680 670 660 650 640 630 620 610 600 590 580 570 560 550 540 530

LOS REYES DE ISRAEL Y JUDÁ

Nombre Del Rey	Duración De Su Reinado	Hechos De Su Vida

LOS REYES DE ISRAEL Y JUDÁ

Nombre Del Rey	Duración De Su Reinado	Hechos De Su Vida

LOS REYES DE ISRAEL Y JUDÁ

Nombre Del Rey	Duración De Su Reinado	Hechos De Su Vida

LOS REYES DE ISRAEL Y JUDÁ

Nombre Del Rey	Duración De Su Reinado	Hechos De Su Vida

Notas

1 Reyes

1 NVI *viajó*
2 RV *plegaria*
3 NVI *tratado*
4 NVI *usa la cabeza*
5 NVI *inteligente*
6 NVI *maldiciones*
7 NVI *me lanzó*
8 NVI *orden*
9 NVI *decretos*
10 RV *derechos.* NVI *leyes*
11 NVI *preceptos*
12 RV *palabra*
13 RV *dicho.* NVI *promesa*
14 RV *altos.* NVI *santuarios paganos*
15 NVI *lo que ofende*
16 RV *mal*
17 NVI *templo*
18 RV *Tú oirás desde el cielo.* NVI *óyelo tú desde el cielo*

2 Reyes

1 RV *conforme a la palabra de Jehová.* NVI *según la palabra que el Señor había anunciado*
2 NVI *Jorán*
3 RV *conforme a la palabra de Jehová*
4 RV *estatutos*
5 RV *la casa de Jehová.* NVI *al templo del Señor*

Ministerios Precepto Internacional fue levantado por Dios para el solo propósito de establecer a las personas en la Palabra de Dios para producir reverencia a Él. Sirve como un brazo de la iglesia sin ser parte de una denominación. Dios ha permitido a Precepto alcanzar más allá de las líneas denominacionales sin comprometer las verdades de Su Palabra inerrante. Nosotros creemos que cada palabra de la Biblia fue inspirada y dada al hombre como todo lo que necesita para alcanzar la madurez y estar completamente equipado para toda buena obra de la vida. Este ministerio no busca imponer sus doctrinas en los demás, sino dirigir a las personas al Maestro mismo, Quien guía y lidera mediante Su Espíritu a la verdad a través de un estudio sistemático de Su Palabra. El ministerio produce una variedad de estudios bíblicos e imparte conferencias y Talleres Intensivos de entrenamiento diseñados para establecer a los asistentes en la Palabra a través del Estudio Bíblico Inductivo.

Jack Arthur y su esposa, Kay, fundaron Ministerios Precepto en 1970. Kay y el equipo de escritores del ministerio producen estudios **Precepto sobre Precepto,** Estudios **In & Out**, estudios de la **serie Señor**, estudios de la **Nueva serie de Estudio Inductivo**, estudios **40 Minutos** y **Estudio Inductivo de la Biblia Descubre por ti mismo para niños.** A partir de años de estudio diligente y experiencia enseñando, Kay y el equipo han desarrollado estos cursos inductivos únicos que son utilizados en cerca de 185 países en 70 idiomas.

MOVILIZANDO

Estamos movilizando un grupo de creyentes que "manejan bien la Palabra de Dios" y quieren utilizar sus dones espirituales y talentos para alcanzar 10 millones más de personas con el estudio bíblico inductivo.
Si compartes nuestra pasión por establecer a las personas en la Palabra de Dios, te invitamos a leer más. Visita **www.precept.org/Mobilize** para más información detallada.

RESPONDIENDO AL LLAMADO

Ahora que has estudiado y considerado en oración las escrituras, ¿hay algo nuevo que debas creer o hacer, o te movió a hacer algún cambio en tu vida? Es una de las muchas cosas maravillosas y sobrenaturales que resultan de estar en Su Palabra – Dios nos habla.

En Ministerios Precepto Internacional, creemos que hemos escuchado a Dios hablar acerca de nuestro rol en la Gran Comisión. Él nos ha dicho en Su Palabra que hagamos discípulos enseñando a las personas cómo estudiar Su Palabra. Planeamos alcanzar 10 millones más de personas con el Estudio Bíblico Inductivo.

Si compartes nuestra pasión por establecer a las personas en la Palabra de Dios, ¡te invitamos a que te unas a nosotros! ¿Considerarías en oración aportar mensualmente al ministerio? Si ofrendas en línea en **www.precept.org/ATC**, ahorramos gastos administrativos para que tus dólares alcancen a más gente. Si aportas mensualmente como una ofrenda mensual, menos dólares van a gastos administrativos y más van al ministerio.

Por favor ora acerca de cómo el Señor te podría guiar a responder el llamado.

COMPRA CON PROPÓSITO

Cuando compras libros, estudios, audio y video, por favor cómpralos de Ministerios Precepto a través de nuestra tienda en línea (**http://store.precept.org/**) o en la oficina de Precepto en tu país. Sabemos que podrías encontrar algunos de estos materiales a menor precio en tiendas con fines de lucro, pero cuando compras a través de nosotros, las ganancias apoyan el trabajo que hacemos:

• Desarrollar más estudios bíblicos inductivos
• Traducir más estudios en otros idiomas
• Apoyar los esfuerzos en 185 países
• Alcanzar millones diariamente a través de la radio y televisión
• Entrenar pastores y líderes de estudios bíblicos alrededor del mundo
• Desarrollar estudios inductivos para niños para comenzar su viaje con Dios
• Equipar a las personas de todas las edades con las habilidades es estudio
    bíblico que transforma vidas

Cuando compras en Precepto, ¡ayudas a establecer a las personas en la Palabra de Dios!

www.ingramcontent.com/pod-product-compliance
Lightning Source LLC
Chambersburg PA
CBHW071557040426
42452CB00008B/1209